Daglas Kaplena
GENERACIJA X

REČ I MISAO
KNJIGA 582

Urednik
JOVICA AĆIN

Knjiga je štampana uz finansijsku pomoć Kanadskog saveta za umetnost i kanadskog Ministarstva inostranih poslova i međunarodne trgovine.

 **Conseil des Arts du Canada** **Canada Council for the Arts**

DAGLAS KAPLEND

GENERACIJA X

Priče za ubrzanu kulturu

Roman

Prevela
VUKICA STANKOVIĆ

IZDAVAČKO PREDUZEĆE „RAD"
BEOGRAD

GENERACIJA X

„Kosa joj je izgledala poput kose prodavačice Indijanke na odeljenju parfema u Vulvortu. Znate – slatka ali glupa – vrlo skoro će se brakom izvući iz jadnog života u kamp prikolici. Ali nosila je haljinu nalik stjuardesama Aeroflota iz 60-ih godina – znate – one stvarno jadno plave boje koju su Rusi koristili pre nego što su svi počeli da kupuju Soni proizvode i pre nego što je Gi Laroš počeo da kreira njihove politbirovske kape. *A tek šminka!* Savršen stil Meri Kvent[1] iz 70-ih, sa malim PVC minđušama sa cvetnim dodacima koje su ličile na nalepnice za kadu nekog homoseksualca iz Holivuda iz otprilike 1956. godine. Zaista je isijavala tu tugu – bila je najmodernija osoba među prisutnima. Potpuno."

TREJSI, 27

„Oni su moja deca. Odrasli ili ne, ne mogu ih tek tako izbaciti iz kuće. To bi bilo surovo. A osim toga, odlično kuvaju."

HELEN, 52

---

[1] *Orig.* Mary Quant, britanska modna dizajnerka. (*Prim. prev.*)

PRVI DEO

SUNCE JE TVOJ NEPRIJATELJ

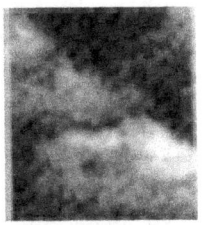

Sedamdesetih godina prošlog veka, kada sam imao petnaest godina, potrošio sam svaku paru koju sam imao u banci da preletim kontinent u Boingu 747 do Brendona, u Manitobi, duboko u kanadskim prerijama, kako bih uživo video totalno pomračenje sunca. Mora da sam tako mlad delovao čudno, mršav kao motka i praktično albino bele kose, dok sam se mirno prijavljivao u lokalnom motelu sam samcit, i dok sam srećno gledao ponudu TV stanica na slici išaranoj snegom i pio vodu iz čaša koje su toliko puta korišćene, čišćene i ponovo uvijane u papir da su delovale išmirglano. ¶ Ali noć je brzo prošla i u jutro pomračenja nisam hteo da koristim organizovani prevoz i umesto toga sam se gradskim autobusom prevezao do kraja grada. Odatle sam pešačio dugo prašnjavim sporednim putem i preko jednog polja – gde je uzgajana neka vrsta žitarice visine mojih grudi, zelene boje kukuruza, koja je šuštala dok me je njeno lišće po koži seklo kao papir dok sam prolazio kroz polje. I u tom polju, kada su nastupili čas, minut i sekunda tame, legao sam na zemlju, okružen visokim jedrim stabljikama i slabašnim zujanjem insekata, i zadržao sam dah, iskusivši nešto čega se nikad nisam mogao otresti u potpunosti – osećaj tame, neizbežnosti i fascinacije – osećaj koji je imala većina mladih ljudi još od praskozorja vremena, dok su krivili vratove, zurili u nebo, i posmatrali kako im se svet gasi pred očima.

Deceniju i po kasnije osećanja su mi isto tako podvojena dok sedim na prednjoj verandi iznajmljenog bungalova u Palm Springsu, Kalifornija, i češljam svoja dva psa, osećajući miris cimeta koji dopire iz noćnih zevalica i efikasan zadah hlora iz bazena koji dolazi iz dvorišta, dok iščekujem zoru.

Gledam prema istoku preko San Andreas raseka koji stoji posred doline poput parčeta prepečenog mesa. Uskoro će sunce eksplodirati nad tim rasekom i ući u moj dan poput niza igračica u Vegasu koje stupaju na scenu. I moji psi sa mnom posmatraju taj prizor. Svesni su da će se nešto važno dogoditi. Ovi su psi, da vam kažem, mnogo pametni, ali me ponekad i zabrinjavaju. Na primer, čupam tu bledožutu prljavštinu iz njihovih njuški, nalik siru na vrhu pice pečene u mikrotalasnoj rerni, i imam neki užasan osećaj, jer sumnjam da su ovi psi (iako bi njihove simpatične crne oči mešanaca navele da verujem drugačije) opet preturali po kontejnerima iza klinike za plastičnu hirurgiju, i da su njihove njuške obogaćene, da se tako izrazim, salom od li-

KORISTITE MLAZNJAKE

DOK JOŠ

MOŽETE

posukcije japijevaca. Ne mogu da pojmim *kako* uspevaju da iscepaju crvene plastične vreće za medicinski otpad koje su navodno bezbedne i od napada kojota, a prema regulativi države Kalifornija. Pretpostavljam da su lekari nestašni ili lenji. Ili oboje.

Ovaj svet.

Šta da vam kažem.

Čujem kako se bučno zatvara ormar u unutrašnjosti mog malog bungalova. To verovatno moj drug Dag uzima neki slatkiš za moju drugaricu Kler. Ili verovatnije, koliko ih poznajem, mrvicu džina i tonika. Oni su robovi navika.

Dag je rodom iz Toronta, Kanada (dvojno državljanstvo). Kler je iz Los Anđelesa, Kalifornija. Ja sam, kad smo kod toga, iz Portlanda, Oregon, ali ovih dana čini se nebitno to odakle potičete („Pošto svi imaju iste radnje u svojim šoping centrima", kako kaže moj mlađi brat Tajler). Nas troje smo članovi siromašnog džet-seta, ogromne globalne grupe, kojoj sam se pridružio, kako sam već pomenuo, sa petnaest godina kada sam odleteo u Manitobu.

Kako bilo, pošto ovo veče nije ispalo dobro ni za Daga ni za Kler, morali su da dođu i ugroze moj prostor kako bi ispijali koktele i opustili se. To im je bilo potrebno. Oboje su imali svoje razloge.

Na primer, Dag je odmah posle dva ujutro završio svoju smenu u Larijevom baru, gde je sa mnom radio kao barmen. Dok smo hodali ka kući, ostavio me je usred razgovora koji smo vodili i otrčao niz put, da bi kamenom izgrebao haubu i šoferšajbnu jednog Katles Suprima.[1] Nije ovo bio prvi put da se ponaša tako impulsivno vandalski. Kola su bila boje butera i na

---

[1] *Orig.* Cutlass Supreme. Marka automobila proizvođača Dženeral motors. (*Prim. prev.*)

braniku su imala stiker TROŠIMO NASLEDSTVO NAŠE DECE, koji je, pretpostavljam, iznervirao Daga, kome je bilo dosadno, a bio je i napet posle osmočasovnog rada na Posliću[1] („Nikakva plata, nikakav prestiž, nikakve beneficije, nikakva budućnost.")
Voleo bih da bolje razumem ovu Dagovu rušilačku crtu; uopšte uzev, on je tako uljudan tip – toliko čak da se jednom nije kupao nedelju dana kada je pauk napravio mrežu u njegovoj kadi.

„Ne znam, Endi", reče dok je lupio vratima na mojoj verandi, izgledajući kao bivša polovina mormonskog para koji deli pamflete, u beloj košulji, nakrivljenoj kravati, pazusima natopljenim znojem, bradom od dva dana, sivim sportskim pantalonama, i dok je odmah zabio glavu poput losa u vreme parenja u fijoku za povrće mog frižidera, odakle je skinuo uvelo lišće salate sa flaše jeftine votke orošene kapima vode, „da li više želim da kaznim neku ostarelu drtinu zato što je rasparčala moj svet, ili sam jednostavno ljut zato što je svet postao prevelik – isuviše velik za našu sposobnost da pričamo priče o njemu, tako da su nam jedino preostale ove mrlje, komadi i svaštarije na branicima". Poteže iz flaše. „Šta god da je u pitanju, to me vređa".

Mora da je bilo tri sata izjutra. Dag je bio u svom vandalskom ruhu, i nas dvojica smo sedeli na kaučima u mojoj dnevnoj sobi i posmatrali vatru u kaminu, kada je ubrzo uletela Kler (bez kucanja), razbarušene kratke crne kose, i delujući impresivno uprkos tome što je bila niska, efekat koji je stekla zahvaljujući šiku od rada na odeljenju Šanela u lokalnoj robnoj kući I. Manjin.[2]

---

[1] Orig. McJob *(Prim. prev.)*
[2] *Orig.* I. Magnin. Lanac robnih kuća u SAD. *(Prim. prev.)*

„Ubitačan sudar", najavila je, na šta smo Dag i ja značajno pogledali jedan drugog. Zgrabila je čašu tajanstvenog napitka iz kuhinje a onda se stropoštala na malu sofu, ne hajući zbog neumitne modne katastrofe koju će prouzrokovati gomila psećih dlaka na njenoj crnoj vunenoj haljini.

„Čuj, Kler. Ako ti je taj sudar tako teško pao da bi o tome pričala, možda bi mogla da uzmeš neke male lutke i kroz igrokaz nam preneseš priču."

„Smešno, Dag. Baš smešno. *Još jedan* preprodavac obveznica i *još jedna* novatorska večera od zrnevlja i Evijan vode. I, *naravno*, i on pripada pokretu za opstanak. Cele večeri je pričao o preseljenju u Montanu i hemikalijama koje će da stavi u rezervoar automobila kako bi sprečio da se sve razgradi. Ne mogu više ovako. Uskoro punim trideset godina. Osećam se kao lik iz crtaća."

Pregledala je moju uslužno (ali nikako božanstveno) sređenu sobu, prostor koji su uglavnom ulepšavala jeftina ćebad lošeg kvaliteta koju su pravili Navaho Indijanci. Zatim joj se lice opustilo. „Sudar je imao i loš trenutak. Na autoputu br. 111 u Katedral sitiju postoji prodavnica koja prodaje preparirane piliće. Prolazili smo kolima pored nje i skoro sam se onesvestila od silne želje da posedujem jedno, tako su slatki, ali Den (tako se zove) reče, ,Ali, Kler, ne *treba* ti pile', na šta odgovorih ,Ne radi se o tome, Den. Ja *želim* jedno pile'. On je onda počeo da mi drži užasno dosadno predavanje o tome kako je jedini razlog zbog kojeg želim punje-

---

Poslić: Posao sa nikakvom platom, nikakvim prestižom, nikakvim beneficijama i nikakvom budućnošću u uslužnom sektoru. Ljudi koji ga nikad nisu imali često smatraju to odličnim izborom karijere.

no pile taj što oni tako dobro izgledaju u izlogu radnje, i da bih istog trenutka kada dobijem pile počela da smišljam načine da ga se rešim. Istina. Ali onda sam probala da mu objasnim da oni predstavljaju pravi smisao života i novih veza, ali moje objašnjenje se negde sunovratilo – analogija je postala suviše zamršena – i nastupila je ona odvratna jadna-je--ljudska-rasa tišina koju srećete kod cepidlaka kada misle da pričaju gluperdama. Htela sam da ga udavim."

„Pilići?" upita Dag.
„Da, pilići."
„Pa."
„Da."
„Piju, piju."

Atmosfera je postala istovremeno glupava i sumorna i posle nekoliko sati povukao sam se na verandu gde se i sada nalazim, čupajući moguće salo japijevaca iz njuški mojih pasa i posmatrajući prve ružičaste zrake sunca nad Koačela dolinom, u kojoj leži Palm Springs. Na brdu u daljini vidim kuću u obliku sedla, koja pripada g. Bobu Houpu, zabavljaču, kako se topi na stenama poput Dalijevog sata. Miran sam jer su mi prijatelji u blizini.

„Polipno vreme", najavi Dag dok je izlazio i sedao pored mene obrisavši prašinu od žalfije sa klimavog drvenog praga.

Siromašni džet-set: Grupa ljudi podložna hroničnim putovanjima na štetu dugoročne stabilnosti posla ili stalnog mesta boravka. Skloni su unapred osuđenim i strašno skupim vezama preko telefona sa ljudima po imenu Serž ili Ilijana. Na zabavama obično pričaju o posebnim programima koje aviokompanije imaju za ljude koji često putuju.

„To je jednostavno previše bolesno, Dag", reče Kler dok je sedala sa moje druge strane i pokrivala me ćebetom (imam na sebi samo donji veš).

„Nimalo nije bolesno. U stvari, trebalo bi da nekad pogledaš trotoare blizu dvorišnih restorana Ranča Miraž tokom podneva. Ljudima ispadaju polipi poput peruti, a kada hodaš po njima imaš osećaj kao da hodaš po pirinčanim pahuljicama."

Kažem, „Pssst..." i nas petoro (ne zaboravite pse) pogledasmo ka istoku. Zadrhtah i privih jače ćebe uz sebe, jer mi je hladnije nego što sam mislio, i zamislim se da ovih dana sve stvari kao da potiču iz pakla: sudari, poslovi, žurke, vreme... Da li je moguće da više ne verujemo u to određeno mesto? Ili nam je možda za života svima obećan raj, a ono što nas je zadesilo mora da bude na šteti pri poređenju.

Možda su nekog usput i prevarili. Pitam se.

Znate, Dag i Kler se često smeju, kao i većina ljudi koje poznajem. Ali uvek sam se pitao postoji li nešto mehaničko ili zloćudno u njihovim osmesima, jer način na koji stežu gornju usnu izgleda pomalo, ne lažno, nego zaštitnički. Shvatio sam jednu sitnicu dok sedim tako sa njima dvoma. A to je da su osmesi koje imaju u svom dnevnom životu isti kao osmesi ljudi koje su dobronamerno izblamirali, ali ipak izblamirali, u javnosti ili na ulicama Njujorka prevaranti sa kartama, i koji zbog društvenih obzira nisu u stanju da pokažu bes, jer ne žele da ispadne da ne mogu da prihvate šalu na svoj račun. Pomisao je nestalna.

Prvi zraci sunca se pomaljaju iznad planine Džošua prekrivene cvetom lavande, ali nas troje smo previše kul za sopstveno dobro; ne možemo se jednostavno prepustiti trenutku. Dag mora da dočeka ovaj sjaj sa pitanjem, sumornom albadom[1]: „Na šta pomislite kada ugledate sunce? Brzo. Pre nego što razmislite o tome i upropastite odgovor. Iskreno. Jezivo. Kler, hajde ti prva."

Kler shvata caku: „Pa, Dag. Vidim zemljoradnika u Rusiji, koji vozi traktor u polju pšenice, ali sunce po njemu ne izgleda dobro – kao izbledelost crno-bele fotografije iz nekog starog broja časopisa *Lajf*. A dogodio se još jedan čudan fenomen: umesto da isijava zrake, sunce je počelo da isijava miris starih brojeva *Lajf*a, i taj miris uništava njegovo žito. Pšenica se tanji trenutno. Prućio se preko volana svog traktora i plače. Žito mu propada od trovanja istorijom."

„Dobro, Kler. Veoma izopačeno. A ti, Endi? Šta ti kažeš?"

„Samo malo da razmislim."

„Okej, onda ću ja sledeći. Kada pomislim na sunce, pomislim na australijansku zečicu serferku, osamnaest godina staru, možda negde na Bondi plaži, kako otkriva prvu keratoznu leziju na potkolenici. Vrišti od muke u sebi i već planira da ukrade

---

[1] *Orig.* aubade. Od francuske reči *albade*. Označava pesmu kojom se dočekuje ili priziva jutro. Često su je pevali srednjovekovni trubaduri. (*Prim. prev.*)

Nedovoljno doziranje istorijom: Živeti u doba kada se čini da se ništa ne događa. Glavni simptomi su navlaka na novine, časopise i TV vesti.

Istorijsko predoziranje: Živeti u doba kada se previše stvari događa. Glavni simptomi su navlaka na novine, časopise i TV vesti.

valijum od majke. A sad *mi* ti *kaži*, Endi, na šta pomisliš kada vidiš sunce?"

Odbijam da učestvujem u ovoj gnusobi. Odbijam da smestim ljude u svoju viziju. „Pomislim na jedno mesto na Antarktiku po imenu Jezero Vanda, gde kiša nije pala više od dva miliona godina."

„Pa, dobro. Je l' to sve?"

„Da, to je sve."

Nastupila je stanka. A ono što *ne* kažem je ovo: ovo je isto ono sunce koje me navodi da pomislim na kraljevske mandarine, tupave leptire i lenjog šarana. I na ekstatične kapi soka šipka koji curi kroz pukotine na kori voćki koje trule na grani u dvorištu susedne kuće – kapi koje vise poput rubina iz svog starog kožnog izvora, aludirajući na intenzivnu plodnost u unutrašnjosti.

Oklop kuliranja je preveliki i za Kler. Prekida tišinu govoreći da nije zdravo živeti život kao niz pojedinačnih kratkih kul trenutaka. „Ili naši životi postaju priče, ili nema načina da se izboriš sa njima."

Složih se. Dag se složi. Znamo da smo iz tog razloga nas troje ostavili svoje živote za sobom i došli u pustinju – da bismo pričali priče i da kroz taj proces od naših života napravimo priče vredne pričanja.

NAŠI SU RODITELJI IMALI VIŠE

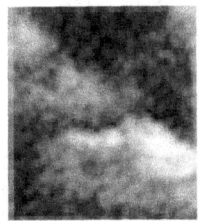

„Skidaju se." ¶„Pričaju sami sa sobom." ¶„Gledaju pejzaž." ¶„Masturbiraju." ¶Sutradan je (zapravo, nije ni dvanaest sati kasnije) i nas petoro se kotrljamo niz Indijan aveniju, idemo na popodnevni piknik u planinu. U Dagovom smo sifilitičnom starom Sabu, dražesno sićušnom drevnom crvenom modelu, nalik kolima koja stoje parkirana pored zgrada u Diznijevim crtaćima, koji ostaju sastavljeni uz pomoć štapića od lizalica, žvaka i selotejpa. A u kolima igramo igru na brzinu – odgovaramo na Klerinu otvorenu naredbu da „nabrojimo sve stvari koje ljudi rade kada se nađu sami u pustinji". ¶„Slikaju se goli." ¶„Gomilaju male komade smeća i otpadaka." ¶„Raznose u komade sačmarom te komadiće smeća." ¶„Hej", viče Dag, „to je malo kao život, zar ne?" ¶Kola se dalje kotrljaju. ¶„Ponekad", kaže Kler, dok prolazimo pored I. Manjin robne kuće gde ona radi, „na poslu mi dođe neki čudan osećaj dok posmatram beskrajne talase tih sivih kosa kako gutaju nakit i parfeme. Kao da posmatram neki ogroman trpezarijski sto oko koga se nalaze stotine gramzive dečice koja su toliko razmažena i toliko nestrpljiva, da ne mogu ni da sačekaju da se hrana pripremi. Moraju da zgrabe žive životinje koje se nalaze na stolu i direktno iz njih isisaju hranu."

Okej, okej. Ovo je surov, iskrivljen sud o onome šta je zapravo Palm Springs – gradić u kome stari ljudi pokušavaju da otkupe svoju mladost i nekoliko prečki na društvenoj lestvici. Kako kaže izreka, čitavu mladost jurimo za bogatstvom, da bismo onda trošili to bogatstvo da bismo povratili mladost. Stvarno nije loše mesto i bez sumnje je dražesno – hej, pa i ja *živim* ovde, na kraju krajeva.

Ali me mesto u isto vreme i zabrinjava.

U Palm Springsu ne postoji vreme – baš kao na televiziji. Ne postoji ni srednja klasa, i u tom smislu mesto nekako dođe srednjovekovno. Dag kaže da svaki put kada neko u svetu upotrebi spajalicu, ili omekšivač za veš, ili gleda reprize serije „Hi-Ho"[1] na televiziji, neki stanovnik Koačela doline zaradi neku paru. Verovatno je u pravu.

Kler dodaje kako ovde bogataši plaćaju siromasima da im oni seku trnje sa kaktusa. „Isto sam pri-

---

[1] *Orig.* Hee Haw. Televizijski kabaretski šou, vrlo popularan zbog kantri muzike. Postojao od 1969. do 1992. godine. (*Prim. prev.*)

LJUBAV PREMA

MESU

SPREČAVA

BILO KAKVU

PRAVU PROMENU

metila da će pre baciti kućno cveće nego da ga neguju. Bože. Samo zamisli na šta im *deca* liče."

Bilo kako bilo, nas troje smo odlučili da živimo ovde, jer grad je nesumnjivo mirno utočište od sveg srednjeklasnog života. A mi svakako ne živimo u jednom od elitnijih delova grada. Nikako. Ima delova grada gde, ako ugledate odsjaj u pod konac sečenoj travi sa Bermuda, možete biti sigurni da tamo leži srebrni dolar. Tamo gde *mi* živimo, u malim bungalovima koji imaju zajedničko dvorište i bazen oblika bubrega, sjaj u travi označava razbijenu flašu viskija ili medicinsku kesu koju đubretari nisu uspeli da pokupe.

Kola izlaze na dužu deonicu koja vodi na autoput i Kler grli psa koji je proturio glavu između prednjih sedišta. Ima lice koje stenje učtivo ali uporno tražeći pažnju. Udubljuje se u pseće staklaste oči: „*Ti*, ti slatko stvorenje. *Ti* ne moraš da se opterećuješ posedovanjem vozila za sneg ili kokaina ili treće kuće u Orlandu, na Floridi. Tako je. Ne, *ti* ne moraš. Tebi je samo potrebno da te neko lepo mazi po glavi."

Istorijski obilazak siromaštva: Posećivanje lokacija poput ekspres restorana, dimnjaka industrijskih kompleksa, ruralnih sela – lokacija na kojima izgleda da je vreme stalo pre mnogo godina – kako bi se iskusilo olakšanje po povratku u „sadašnjicu".

Brazilifikacija: Sve veći jaz između bogatih i siromašnih i prateći nestanak srednje klase.

Vakcinisano putovanje kroz vreme: Fantaziranje o putovanju u prošlost, ali samo uz sve neophodne vakcine.

Pri tome pas sve vreme izgleda veselo, spreman da pomogne poput portira u stranim zemljama koji ne razume ni reč onoga što mu govorite ali koji bez obzira pokušava da zaradi bakšiš.

„Tako je. Ti ne bi želeo da se opterećuješ sa toliko *stvari*. A znaš *zašto*?" (Pas na to ćuli uši, potpirujući iluziju da razume šta mu se govori. Dag insistira na tome da svi psi potajno govore engleski jezik i da su poštovaoci morala i verovanja unitarističke crkve, ali Kler se usprotivila tvrdeći da zna *zasigurno* da, kada je bila u Francuskoj, psi su govorili francuski.) „Jer bi se svi ti predmeti samo pobunili i ošamarili te posred lica. Samo bi te podsećali da je sve što radiš od svog života skupljanje predmeta. I ništa više."

Živimo sitnim životima na periferiji; marginalizovani smo i postoji mnogo toga u čemu biramo da ne učestvujemo. Želeli smo tišinu i sada je imamo. Stigli smo ovde prekriveni ranama i bubuljicama, creva toliko stegnutih da smo mislili da se nikada više neće pokrenuti. Sistemi su prestali da nam rade, zatrpani mirisom fotokopir mašina, sredstava za beljenje, papira, i beskrajnim stresom uzrokovanim besmislenim poslovima koji se obavljaju uz gunđanje za malu nadoknadu. Imali smo porive koji su kreativnost zamenili šopingom, da uzimamo sredstva za smirenje i mislimo da je jednostavno iznajmljivanje filma iz video kluba subotom uveče dovoljno. Ali sada kada živimo ovde u pustinji, stvari su se *mnogo* popravile.

PRESTANI DA RECIKLIRAŠ PROŠLOST

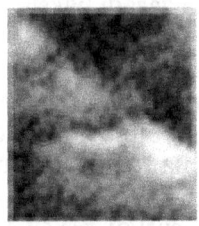

Na sastancima Anonimnih alkoholičara drugi pijanci bi se naljutili na vas ako se ne ispovraćate za publiku. Pod tim podrazumevam da im otvorite dušu – zaista izvučete na površinu one trule košare fermentisanih mačića i ubilačko oruđe koji se nalaze na dnu ličnih jezera sviju nas. Članovi udruženja žele da čuju strahovite priče o tome koliko ste nisko pali u životu, a nijedno nisko nije dovoljno nisko. Priče o zlostavljanju supružnika, proneveri novca, i javnom blamiranju su kako dobro došle tako i očekivane. Znam to pouzdano pošto sam i sâm prisustvovao tim sastancima (grozomorne detalje iz mog života ćete čuti kasnije), i uživo video proces srozavanja – i bio ljut na samog sebe što nemam nijednu dovoljno grozotnu priču o sopstvenom razvratništvu kako bih je podelio sa grupom. ¶ „Nemojte se nikad plašiti da iskašljete parče obolelih pluća za gledaoce", rekao mi je čovek koji je sedeo pored mene na jednom od sastanaka, čija je koža izgledala kao polupečena kora pite i koji je imao petoro odrasle dece koja više nisu htela da mu se jave na telefon: „Kako ljudi mogu ikada sebi pomoći ako ne mogu da se oslone na delić tvojih strahota? Ljudi žele taj delić, *potreban* im je. Od tog komadića pluća njihovi sitni delovi im se čine manje strašnim." Još uvek tražim opis pripovedanja važan poput ovog.

I tako inspirisan sastancima lečenih alkoholičara kojima sam prisustvovao, uveo sam pripovedanje u sopstveni život, praksu „priča za laku noć", koju Dag, Kler i ja pričamo jedni drugima. Jednostavno je: smišljamo priče i pričamo ih jedni drugima. Jedino pravilo je da ne smemo da prekidamo jedni druge, baš kao i na sastancima Anonimnih alkoholičara, i da ne smemo da kritikujemo ispričane priče. Ova nekritička atmosfera nam odgovara jer smo nas troje izuzetno stegnuti kad su osećanja u pitanju. Uvođenje ove klauzule bio je jedini način da se osećamo sigurni jedni pred drugima.

Kler i Dag su se skroz primili na igru.

„Duboko verujem", reče jednom Dag na početku, pre nekoliko meseci, „da svako na planeti ima neku duboku, mračnu tajnu koju nikad neće poveriti drugoj duši do kraja života. Ženi, mužu, ljubavniku, ili svešteniku. Nikad.

I ja imam tajnu. Ti imaš svoju. Da, imaš je – vidim da se smešiš. Baš sad i razmišljaš o svojoj tajni. Hajde: *ispljuni je*. Koja je tvoja tajna? Kresnuo si rođenu sestru? Drkaš u krug? Probao si sopstveno govno da vidiš kakvog je ukusa? Kresnuo si se sa nepoznatom osobom, i to bi ponovo uradio? Izdao si prijatelja? Kaži mi. Mogao bi mi pomoći a da toga nisi ni svestan."

U svakom slučaju, danas ćemo na pikniku pričati priče za laku noć, i na Indijan aveniji baš treba da se uključimo na autoput broj 10 i krenemo na zapad, vozeći se u odrpanom prastarom crvenom Sabu, koji vozi Dag, koji nas obaveštava da se putnici zapravo ne „voze" u njegovom malom crvenom autu, već pre da se „motorišu": „Motorišemo se ka pikniku u paklu."

Pakao je gradić Vest Palm Springs Vilidž – neuspeli pokušaj kućenja iz 1950-ih nalik izbeljenom i ogoljenom crtaću u boji o porodici Kremenko. Gradić se nalazi na vrelom brdu nekoliko milja unutar doline, i ima dobar pogled na sjajnu aluminijumsku ogrlicu koja prati autoput broj 10, čije se duple trake pružaju od San Bernardina na zapadu ka Blajdu i Finiksu na istoku.

U eri kada su skoro sve nekretnine u velikoj potražnji, a njihova izgradnja u ekspanziji, Vest Palm Springs Vilidž je prava retkost: moderna ruševina i skoro napušten izuzev nekolicine hrabrih duša koje žive u kamp prikolicama i montažnim kućama, koji nas pomno posmatraju po dolasku u centar gradića – napuštenu Teksako benzinsku pumpu okruženu lančanom ogradom, i niz uginulih i pocrnelih vašingtonija palmi koje izgledaju kao da su nastradale od hemijskog oružja. Prizor blago podseća na scenografiju nekog filma o vijetnamskom ratu.

„Stičete utisak", kaže Dag dok prolazimo pored benzinske pumpe brzinom pogrebnih kola, „da su se neke, recimo, 1958, Badi Heket, Džoi Bišop, i gomila drugih zabavljača iz Vegasa skupili kako bi zaradili bogatstvo od ovog mesta, ali je glavni investi-

ZEMLJA NIJE DOKUMENT

tor odustao u poslednjem trenutku i čitavo mesto je prosto izumrlo."

Ali ipak, selo nije sasvim mrtvo. Nekoliko ljudi zaista živi ovde, i ovih nekoliko hrabrih imaju zaista izvanredan pogled na ranč sa vetrenjačama ispod njih koji se graniči sa autoputem – desetine hiljada turbo sečiva postavljenih na stubove okrenute ka planini San Gorgonio, jednom od najvetrovitijih mesta u Americi. Zamišljene kao poreska caka posle naftne krize, ove vetrenjače su toliko velike i jake da bi bilo koje od njihovih sečiva moglo da prepolovi čoveka. Zanimljivo, ispostavilo se da su funkcionalne koliko i poreska olakšica, i volti koje u tišini proizvode troše se za klima uređaje u centrima za detoksikaciju i uklanjanje celulita u industriji plastične hirurgije koja buja u ovom kraju.

Kler danas nosi kapri pantalone boje žvakaće gume, bluzu bez rukava, maramu i naočare za sunce: starleta u pokušaju. Ona voli retro izgled, a jednom nam je rekla da ako bude imala dece, „Daću im potpuno retro imena kao Madž ili Verna ili Ralf. Imena koja obično imaju ljudi u jeftinim restoranima."

Dag, s druge strane, nosi otrcane platnene pantalone, glatku pamučnu košulju, i mokasine na bosu nogu, suštinski svedeni oblik njegovog uobičajenog motiva bivšeg mormona. Ne nosi naočare za sunce: planira da zuri u sunce: osvrt na Hakslija ili Mont-

---

Stapanje decenija: U odevanju: nekritično kombinovanje dva ili više predmeta iz različitih decenija kako bi se stvorio sopstveni stil: Šila = Meri Kvent minđuše (iz 1960-ih) + platforme od plute (iz 1970-ih) + crna kožna jakna (iz 1950-ih i 1980-ih).

gomerija Klifta, koji se priprema za ulogu i pokušava da izbaci droge iz organizma.

„Kakvu", pitaju se oba moja prijatelja, „to grozničavo zabavnu vrednost mrtve slavne ličnosti imaju za nas?"

Ja? Ja sam prosto ja. Čini se da nikad nisam u stanju da koristim „vreme kao boju" u svojoj garderobi, kao što to Kler radi, ili „kanibalisanje vremena", kako Dag zove taj proces. Dovoljno mi problema stvara i da budem u *sadašnjosti*. Oblačim se tako da izgledam neupadljivo, skriveno – *tip*ski. Zakamufliran.

I posle kraćeg krstarenja niz ulice bez kuća, Kler je izabrala ugao Kotonvud i Safir avenija kao mesto gde ćemo imati piknik, ne iz razloga što tamo ima ičega (jer nema, samo propali asfaltni put polako prekriven žbunjem žalfije i kreozota) već više stoga što „ako se jako potrudite skoro da možete da osetite optimizam koji su graditelji imali kada su davali imena ovim ulicama."

Otvaramo prtljažnik kola. Ovde ćemo jesti pileće grudi, piti ledeni čaj, i sa preuveličanim zadovoljstvom posmatrati štapiće i zmijsku kožu koju nam budu donosili psi. I pričaćemo priče za laku noć pod vrelim, usijanim suncem, pored praznih placeva koji bi u alternativnim univerzumima mogli biti dražesni pustinjski domovi takvih filmskih zvezda poput g. Vilijema Holdena i gdjice Grejs Keli. U takvim domovima moji prijatelji Dagmar Belinghauzen i Kler Bekster bili bi više nego dobrodošli da plivaju u njihovim bazenima, tračare i piju koktele sa rumom boje holivudskog zalaska sunca.

Ali to je neki drugi, a ne ovaj univerzum. *Ovde* nas troje samo jedemo ručak iz kutije na ogoljenoj zemlji – koja liči na prazan prostor na kraju poglavlja neke knjige – i toliko praznoj zemlji da svi predmeti postavljeni na njenoj dišućoj, vreloj koži postaji predmeti ironije. I ovde, pod velikim belim suncem, mogu da posmatram Daga i Kler kako se pretvaraju da naseljavaju taj drugi, prijemčiviji univerzum.

NISAM CILJNO TRŽIŠTE

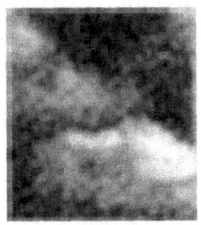

Dag kaže da je on lezbejka zarobljena u muškom telu. Zamislite *to*. Posmatrajući ga kako puši cigaretu sa filterom ovde u pustinji, dok mu znoj isparava sa lica istom brzinom kako se i stvara, dok Kler začikuje pse komadićima piletine sa Sabovog gepeka, ne možete a da se ne podsetite na one izbledele kodakove snimke snimljene pre više decenija, koji sada leže po raznim kutijama za cipele u potkrovljima sviju nas. Znate na šta mislim: požuteli i mutni, uvek sa velikim izbledelim autom u pozadini i modnim stilovima koji deluju iznenađujuće moderni i danas. Kada gledate te fotografije, ne možete a da se ne zapitate kako slatko i tužno i nevino izgledaju svi trenuci u životu u očima fotoaparata, jer je u datom trenutku budućnost još uvek neizvesna i tek treba da nam naudi, a i u tom kratkom trenutku naše poze se prihvataju kao iskrene. ¶Dok posmatram Daga i Kler kako se zafrkavaju u pustinji, takođe shvatam da su moji dosadašnji opisi mojih prijatelja i mene samog bili donekle nejasni. Trebalo bi da malo pobliže opišem kako njih tako i sebe. Vreme je za studije slučajeva. ¶Počeću sa Dagom. ¶Dag je parkirao auto na trotoaru ispred mog bungalova pre otprilike godinu dana; auto je imao registarske tablice iz Ontarija, Kanada, prekrivene blatom iz Oklahome i mrtvim insektima iz Nebraske. Kada je otvorio vrata auta, gomila smeća je ispala iz auta i pala na pločnik, uključujući i bocu parfema Šanel Kristal, koja se razbila. („Lezbejke prosto obožavaju Kristal, znaš. Ima tako aktivan miris. Sportski.") Nikad nisam otkrio čemu je služio parfem, ali je život ovde u svakom smislu postao zanimljiviji otada.

Uskoro po Dagovom dolasku, našao sam mu i smeštaj – prazni bungalov između Klerinog i mog – i posao, da radi zajedno sa mnom u Lerijevom baru, gde je ubrzo preuzeo kontrolu nad lokalom. Jednom se, na primer, kladio sa mnom u pedeset dolara da će naterati stalne goste – depresivnu gomilu propalih Za Za Gabor poklonica, bajkere nižeg ranga koji su pravili esid u planinama, i njihove bajkerske ribe prekrivene bledo zelenim tetovažama na nadlanicama i lica sa užasnim tenom napuštenih i propalih lutaka iz izloga prodavnica – kladio se da će ih sve naterati da do kraja te noći zajedno sa njim pevaju „Srce me boli"[1], gnusnu, nekako neprimerenu škotsku ljubavnu baladu koja se i dalje nalazila u džuboksu. Ova ideja je bila preglupa da bi se o njoj i razmišljalo, tako da sam, naravno, prihvatio opkladu. Nekoliko minuta kasnije telefonirao sam iz hodnika, stojeći ispod izložbe indijanskih strela, kada sam iznenada iz bara čuo neritmične zvuke i viku gomile, uz koje su se još i njihali i mahali svojim edemičnim bajkerskim rukama bez ikakvog ritma uz tonove pesme. Uz veliko divljenje dao sam Dagu pedeseticu koju je zaradio, dok ga je grlio zastrašujući bajker („Volim ovog momka!"), a onda sam

[1] *Orig.* "It's a Heartache". (*Prim. prev.*)

posmatrao Daga kako stavlja novčanicu u usta, malo je grize, a zatim guta.

„Hej, Endi. Ono smo što jedemo."

Ljudi se užasavaju Daga pri prvom upoznavanju, na isti instinktivan način kako se ljudi iz prerije užasavaju morske vode kada je po prvi put probaju na obali okeana. „Ima obrve", kaže Kler dok ga opisuje preko telefona jednoj od svojih sestara.

Dag je radio u oblasti oglašavanja (marketinga, zapravo) i došao je u Kaliforniju iz Toronta, Kanada, grada koji je, kada sam ga jednom posetio, odao uređeni utisak Žutih strana koje su oživele trodimenzionalno, začinjene drvećem i okružene hladnom vodom.

„Mislim da nisam ljudima bio simpatičan. Bio sam zapravo jedan od onih kuronja koje možeš videti kako voze sportska kola ka finansijskoj četvrti svakog jutra sa spuštenim krovom i kačketom na glavi, prilično samouvereni i samozadovoljni zbog svog svežeg i *punog* izgleda. Činjenica da me je većina zapadnih proizvođača odeće i drugih potrepština za život smatrala svojim poželjnim ciljnim trži-

---

KURIR NA BICIKLU

štem ispunjavala me je oduševljenjem, godila mi je i pružala mi osećaj moći. Ali i na najmanju provokaciju bio sam spreman da se izvinjavam zbog svog posla – činjenice da radim od osam do pet ispred kompjutera čija radijacija razređuje spermu, izvodeći apstraktne zadatke koji indirektno porobljavaju Treći svet. Ali onda, hej! Kada bi bilo pet sati, poludeo bih! Ofarbao bih kosu i pio pivo iz Kenije. Nosio bih leptir-mašne i slušao *alternativni* rok i noćio u umetničkoj četvrti grada."

U svakom slučaju, priča o tome kako je Dag stigao do Palm Springsa mi se trenutno mota po glavi, tako da ću sada nastaviti sa prepričavanjem na osnovu Dagovih reči, koje je davao na deliće čitave prethodne godine tokom slabijih noći za barom. Počinjem sa trenutkom kada je, kako mi je sam ispričao, bio na poslu i patio od napada „sindroma bolesne zgrade", govoreći, „Prozori u zgradi gde sam radio nisu mogli da se otvore tog jutra, i sedeo sam u svom pregratku, koji sam od milošte zvao tovni tor. Vremenom mi je bilo sve gore i sve me je više bolela glava dok je vazduhom cirkulisalo mnoštvo

RADNIK NA ODREĐENO VREME

kancelarijskih otrova i virusa – svaki put iznova – kroz ventilaciju.

Naravno, ovi otrovni vetrovi su se naročito zadržavali u *mojoj* blizini, uz pomoć bele buke koju su mašine proizvodile, kao i sjaja ekrana kompjutera. Nisam mogao da radim i buljio sam u svog kompjuterskog klona okruženog morem ceduljica, posterima rok bendova skinutih sa ograda gradilišta, i malom izbledelom fotografijom drvenog kitolovca, zarobljenog u ledu Antarktika, koju sam jednom našao u nekom broju časopisa *Nacionalna geografija*. Uramio sam ovu fotografiju u mali zlatni ram koji sam kupio u Kineskoj četvrti. Stalno bih zurio u ovu sliku, nikad ne uspevajući u potpunosti da zamislim taj zaleđeni, usamljeni očaj koji ljudi u pravoj stupici osećaju – i kroz sam taj proces, moj sopstveni usud mi se činio boljim.

U svakom slučaju, nisam mogao ništa da uradim, i da budem sasvim iskren, odlučio sam ranije tog jutra da je veoma teško zamislivo da ću se ovim poslom baviti i kroz dve naredne godine. Sama pomisao na to bila je smešna; *depresivna*. Tako da mi je ponašanje bilo za nijansu opuštenije od normalnog.

Tovni tor: Mali, natrpani odeljci u kancelariji napravljeni od rasklopivih zidnih pregrada prekrivenih tkaninom, u kojima rade niže rangirani službenici. Ime dobili po malim odeljcima koji se koriste u stočnoj industriji kao deo klanica gde se stoka priprema za klanje.

Bio je to dobar osećaj. Bio je to zanos pre davanja otkaza. Doživeo sam to već par puta.

Ni Karen i Džejmi, kompjuterske nadžak-babe koje su radile u tovnim torovima do mojeg (zvali smo naš deo kancelarije mlađi tor ili mlađi geto, kako kad) nisu mogle da rade puno. Ako se dobro sećam, Karen je više od svih nas plašila ideja o sindromu bolesne zgrade. Tražila je od sestre, koja je radila kao rendgenski tehničar u Montrealu, da joj dâ gvozdenu kecelju, koju je nosila dok je sedela za kompjuterom kako bi zaštitila jajnike. Planirala je da uskoro dâ otkaz kako bi nastavila da radi na određeno vreme: ,Tako imam više slobode – i lakše mi je da izlazim sa kuririma na biciklu.'

U svakom slučaju, sećam se da sam radio na kampanji neke franšize za hamburgere, čiji je veliki cilj, prema mom ogorčenom šefu, bivšem hipiju, Martinu, bio da ,dovedemo mala čudovišta do takvog uzbuđenja zbog hamburgera da povraćaju od sreće.' Martin je bio *četrdesetogodišnjak* koji je govorio takve stvari. Sumnje koje su me mesecima mučile u vezi sa poslom, ponovo su me okupirale.

Kako to obično biva, tog jutra nas je posetila zdravstvena inspekcija kao odgovor na poziv koji sam im uputio ranije te nedelje, dovodeći u pitanje kvalitet radnih uslova.

Martina je činjenica da je neki radnik mogao pozvati inspekciju užasnula, zapravo, stvarno izbezumila. U Torontu vas mogu naterati da napravite arhitektonske promene, koje su užasno skupe – nova ventilacija i tome slično – i k vragu sa zdravljem službenika, Martinu je glava zvonila od zvuka keša, zvuka desetine hiljada dolara. Pozvao me je u svoju kancelariju i počeo da viče, dok mu je minijaturni repić poskakivao na glavi, „Jednostavno ne mogu da razumem vas mlade. Nijedno radno okruženje nije nikad dovoljno dobro. A vi kukate i žalite se kako vam posao nije kreativan i kako nigde ne vodi, a kada vas konačno unapredimo, vi nas napustite i odete da berete grožđe u Kvinslendu, ili neku sličnu budalaštinu.'

Sada je Martin, kao i svi ogorčeni bivši hipiji, japi, a ja nemam predstavu kako biste se mogli zbližiti sa takvim ljudima. I pre nego što počneš da kreštiš i tvrdiš da japiji ne postoje, pomiri se sa činjenicama: *postoje*. Kurajberi poput Martina koji puknu poput kuna na spidu kada ne mogu da dobiju sto uz prozor u restoranu u nepušačkom delu, gde postavljaju platnene salvete. Androidi koji nikad ne shvataju šale i koji u srži svojih bića imaju nešto uplašeno i pokvareno, poput neuhranjenje čivave koja besno pokazuje svoje sićušne očnjake i čeka da je neko šutne u lice, ili čaše mleka prolivene na vrh ljubičastih vlakana roštilja od buba: izopačena zloupotreba prirode. Japiji se nikad ne kockaju, oni kalkulišu. Nemaju nikakvu auru: jesi li nekad bio na nekoj japi žurci? To je kao da se nalaziš u praznoj sobi: prazni hologram-ljudi koji idu okolo i dobacuju sebi poglede u ogledalu i neprekidno prs-

---

Eksplozija emocionalnog kečapa: Zatvaranje mišljenja i osećanja u sebe tako da onda eksplodiraju svi odjednom, šokirajući i zbunjujući poslodavce i prijatelje – od kojih je većina mislila da je sve u redu.

Krvavi konjski rep: Stariji pripadnik bebi bum generacije (ljudi rođeni u periodu između 1946. i 1964, kada je većina zemalja doživela znatno uvećanje rađanja beba) koji se prodao, a sad žali za hipi ili danima pre prodavanja.

kaju sprej za osvežavanje daha u usta, za slučaj da moraju da se ljube sa nekim drugim duhom nalik sebi. Jednostavno *u njima* nema ničega.

I tako, upitah ‚Hej, Martine', kad sam ušao u kancelariju, koja je izgledala kao iz nekog filma o Džemsu Bondu, sa pogledom na centar grada – on sedi tamo u ružičastom džemperu iz Koreje koji je napravio kompjuter – džemper sa dosta *štofa*. Martin voli *štof*. ‚Stavi se na moje mesto. Misliš li *zaista* da uživamo da radimo u onoj rupi za odlaganje otrovnog otpada?'

Nekontrolisani nagoni su preuzeli kontrolu nada mnom.

„... a onda gledam tebe kako pričaš sa svojim japi ortacima o liposukciji po čitav dan dok izlučujete veštački zaslađen kraljevski žele ovde u Ksanaduu?'

Odjednom sam u ovo *très*[1] duboko zabrazdio. Pa, ako već namer avam da dam otkaz, mogao bih bar da skinem s duše par stvari.

---

[1] *Francuski:* veoma. (*Prim. prev.*)

Bum zavist: Zavist zbog materijalnog bogatstva i dugoročna materijalna sigurnost koje su stekli stariji članovi bebi bum generacije čistom srećom zbog vremena kada su se rodili.

Održavanje klike: Potreba jedne generacije da smatra generaciju koja dolazi posle nje kao neuspešnu kako bi podilazila sopstvenom kolektivnom egu: *„Današnja omladina ne radi ništa. Tako su apatični. Mi bismo izlazili na ulice i protestvovali. A oni samo kupuju i žale se na sve."*

Opšte prihvaćeni terorizam: Proces kojim se odlučuju stavovi i ponašanje unutar kancelarije.

‚Molim?!' reče Martin, ostavši bez daha.

‚Ili kad smo već kod toga, misliš li da zaista uživamo da slušamo o tvojoj novoj novcatoj *kući* vrednoj milion dolara kad jedva da možemo sebi da priuštimo da za večeru jedemo sendviče u našim sumornim kutijama za cipele od stanova a bliži nam se *trideseta*? Kući koju si osvojio na genetskoj lutriji, moglo bi se reći, čisto zahvaljujući činjenici da si se rodio u pravo vreme? Izdržao bi možda deset minuta ovih dana da si mojih godina, Martine. A ja moram da trpim glupane kao što si ti kako propadaju nada mnom do kraja života, i koji uvek za sebe prigrabe najbolje parče torte a onda postave bodljikavu žicu oko ostatka. Muka mi je od vas.'

Nažalost, telefon je zazvonio u tom trenutku, tako da nisam dobio odgovor koji bi nesumnjivo bio traljav... to je bio neko iznad Martina koji mu se svesrdno uvlačio u bulju, i nije ga se mogao rešiti. Odvukao sam se do kafeterije za zaposlene. Tamo je prodavac iz firme za prodaju fotokopir mašina prosipao vrelu kafu iz čaše od stiropora na zemlju oko fikusa koji se, jadničak, još nije pošteno oporavio od silnih koktela i opušaka od cigareta koji su tamo ostavljeni za vreme božićne zabave. Napolju je lilo kao iz kabla, i voda je curila niz prozore, ali unutra je od silnog recirkulisanja vazduh bio suv kao u Sahari. Zaposleni su se svi žalili na vreme koje moraju da provedu na putu ka poslu i pričali viceve o Sidi, ogovarali pomodare u kancelariji, kijali, pričali o horoskopu, planirali da uzmu tajm-šer u Santo Domingu, i pljuvali po bogatima i slavnima. Osećao sam se cinično, i prostorija je sasvim odgovarala mom raspoloženju. Zgrabio sam šolju sa aparata za kafu pored sudopere, dok je Margaret, koja je radila u drugom delu kancelarije, čekala da joj se ugreje biljni čaj i pričala mi kakve su bile posledice mog malopređašnjeg istresanja.

‚Šta si to rekao Martinu, Dag?' pitala me je. ‚Besan je kao pas – psuje te na sva usta. Je li zdravstvena inspekcija proglasila ovo mesto novim Bopalom[1], ili šta?'"

---

[1] Misli se na grad Bopal u Indiji, gde se 1984. desila najgora industrijska katastrofa ikada, kada je fabrika pesticida u tom gradu ispustila gas koji je usmrtio više desetina hiljada ljudi. (*Prim. prev.*)

DAJ OTKAZ

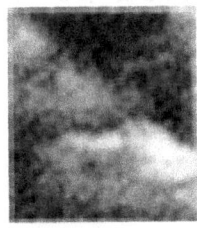

„Izbegao sam njeno pitanje. Sviđa mi se Margaret. Puno se trudi. Starija je, i privlačna u smislu da je preživela sprej za kosu, naramenice i dva razvoda. Pravi buldožer. Ona je poput onih malih soba koje se mogu naći samo u superskupim stanovima u centru Čikaga ili Njujorka – male sobe jarko omalane, bojama smaragda ili sirove govedine, kako bi se prikrila činjenica da su tako male. Rekla mi je jednom koje sam ja godišnje doba: leto. ¶,Bože, Margaret. Stvarno čovek može da se zapita zašto ujutro uopšte ustaje iz kreveta. Mislim, stvarno: *Zašto raditi?* Samo da bismo mogli da kupimo još *stvari*? To prosto nije dovoljno. Pogledaj nas sve. Koja je zajednička pretpostavka koja nas je sve dovela od one do ove tačke? Zbog čega *zaslužujemo* sladoled, patike i vunena italijanska odela koje posedujemo? Mislim, gledam kako se svi svojski trudimo da steknemo što više *stvari*, ali ne mogu da se oduprem utisku da ih nismo zaslužili, da...' ¶Ali Margaret me je odmah iskulirala. Spustivši šolju, rekla je da pre nego što upadnem u stanje Uzbuđenog Mladića, treba da shvatim da je jedini razlog zašto svi idemo ujutro na posao taj što smo prestravljeni od onoga što bi se moglo desiti da *prestanemo*. ‚Mi kao vrsta nismo stvoreni za slobodno vreme. Mislimo da jesmo, ali u stvari nismo.' A onda je praktično počela da priča sa samom sobom. Podstakao sam je. Pričala je kako većina nas ima samo dva ili tri istinski zanimljiva trenutka u životu, i da bi većina nas bili srećni ako bi se ti trenuci povezali da tvore priču koju bi bilo ko mogao smatrati iole zanimljivom.

Pa. Vidiš da su me obhrvali morbidni i samouništavajući impulsi tog jutra i Margaret je bila više nego voljna da me još više podstakne u tome. Sedeli smo tako i posmatrali kuvanje čaja (što nimalo nije zabavno, moglo bi se reći) i zajednički slušali raspravu kancelarijskih radio mileva je li određeni TV voditelj nedavno imao plastičnu operaciju ili ne.

‚Hej, Margaret', rekoh, ‚kladim se da ne možeš da se setiš nijedne osobe u čitavoj istoriji sveta koja je postala slavna a da pritom mnogo novca nije razmenilo ruke.'

Želela je da zna šta to znači, tako da sam objasnio. Rekao sam da ljudi jednostavno ne... *ne mogu* da postanu slavni na ovom svetu sem ako se puno ljudi ne ovajdi novčano. Ovaj cinizam ju je iznenadio, ali odmah je odgovorila na moj izazov. ‚To je malo oštro, Dag. A Abraham Linkoln?'

Migracija bolesne zgrade: Tendencija mlađih radnika da napuštaju ili izbegavaju poslove u nezdravim radnim okruženjima ili mestima koja pate od sindroma bolesne zgrade.

Hvatanje krivine: Davanje otkaza kako bi se radio posao sa manjom platom, ali posao koji omogućava dalje profesionalno usavršavanje.

‚Ne, nikako. Pa to je sve bilo zbog ropstva i zemlje. Hrpe novca su bile u pitanju.'

Pa onda ona reče, ‚Leonardo da Vinči', na šta sam samo mogao odgovoriti da je bio poslovni čovek, baš kao Šekspir ili bilo koji od tih starih momaka i da je sve što je radio bilo po narudžbini i, što je još *gore*, njegova istraživanja su korišćena u vojne svrhe.

‚Pa, Dag, ovo je prosto najgluplji argument koji sam ikad čula', počela je da govori, već očajna. ‚Naravno da se ljudi proslavljaju iako neki drugi ne zarade na tome.'

‚Daj jedan primer, onda.'

Mogao sam da vidim kako Margaret pokušava da se seti iz petnih žila, lice joj je menjalo boju i oblik, i počeo sam da se osećam već pun sebe, znajući da su drugi ljudi u kafeteriji počeli da slušaju naš razgovor. Opet sam bio momak sa kačketom koji vozi kabriolet, ponela me sopstvena pamet i pripisivanje tame i pohlepe svim ljudskim naporima. Takav sam bio.

‚O, pa, dobro. Pobedio si', reče, prepuštajući mi Pirovu pobedu, i baš sam se spremao da izađem iz prostorije sa kafom (sada Savršeni-ali-Malo-Nadmen-Mladić) kada začuh slab glas s drugog kraja kafeterije kako izgovara ‚Ana Frank'.

Pa.

Okrenuo sam se na peti i koga sam mogao da vidim, kako izgleda mirno i prkosno, ali i strašno do-

---

Ozmoza: Nečija nesposobnost da mu posao zadovolji sliku koju on ima o sebi.

Zamagljivanje moći: Težnja hijerarhija da u kancelarijskom okruženju budu difuzne i spreče razgovetnu artikulaciju.

sadno i zdepasto, nego Šarlin koja je sedela pored ogromne kutije sa tabletama paracetamola. Šarlin sa izbeljenim mini-valom, nalik ženama koje žive u kamp-prikolicama, koja secka recepte za jela sa mesom iz *Femili Serkl* časopisa, i koju sopstveni dečko ignoriše; vrsta osobe za koju, kada je izvučete iz bubnja za kupovinu poklona za kancelarijsku božićnu zabavu, pitate ‚Ko?'

‚Ana Frank?' viknuo sam, ‚Pa *naravno* da je i tu bilo novca, pa...' ali, naravno, u tom slučaju nije bilo nikakvog novca. Nevoljno sam priznao da je odnela moralnu pobedu. Osećao sam se strašno glupo i strašno zlonamerno.

Ostali zaposleni su, naravno, uzeli Šarlininu stranu – niko se na stavlja na stranu nikogovića. Imali su one ‚šta-si-tražio-to-si-i-dobio' osmehe, i sve je utihnulo dok je publika u kafeteriji čekala da sebi iskopam još dublju rupu, dok je Šarlin posebno izgledala pravednički. Ali ja sam samo stajao tamo ćuteći; tako da su samo mogli da vide kako se moja paperjasta bela karma pretvara istog trenutka u crnu topovsku đulad koja ubrzano pada na dno hladnog i dubokog švajcarskog jezera. Poželeo sam da se pretvorim u biljku – komatozno, nedišuće, nemisleće biće, tamo i tada. Ali, naravno, po biljkama u kancelarijama serviseri fotokopir mašina sipaju vrelu kafu, zar ne? Pa šta je onda trebalo da uradim? Otpisao sam psihičku propast tog čitavog poduhvata, pre nego što su se stvari još više pogoršale. Izašao sam iz kuhinje, iz kancelarije, i nikad se više nisam vratio. Niti sam se potrudio da pokupim lične stvari iz svog tovnog tora.

Iz ove perspektive, mislim da ako su imali *iole* pameti u firmi (u šta sumnjam), dali bi Šarlin da isprazni moj sto. Samo zato što u mašti volim da je vidim kako stoji tamo, sa korpom za otpatke u svojim rukama sa debelim prstima, i pretura po gomili mojih dokumenata. Tako bi naišla i na moju sliku kitolovca nasukanog i zarobljenog, verovatno zauvek, u staklastom ledu Antarktika. Vidim je kako zuri u ovu fotografiju blago zbunjena, pitajući se u tom trenutku kakav sam ja mladić i možda shvatajući da nisam sasvim antipatičan.

Ali bi se na kraju zapitala *zašto* sam poželeo da uramim tako čudan prizor a onda bi se, zamišljam, zapitala je li slika vredna. Onda je vidim kako zahvaljuje nebu što ona sama nema takve neortodoksne impulse, a onda je vidim kako baca sliku, već zaboravljenu, u kantu za smeće. Ali u tom kratkom trenutku zbunjenosti... *tom kratkom trenutku* pre nego što je odlučila da baci fotorafiju, pa... mislim da bih skoro mogao da volim Šarlin.

I to osećanje ljubavi me je držalo još dugo kada sam se, pošto sam dao otkaz, pretvorio u Podrumaša i više nikad nisam radio u kancelariji."

„Sada: kada postaneš Podrumaš, ispadneš iz sistema. Moraš da se odrekneš, kao što sam i ja, svog nadzemnog stana i svih glupavih crnih matiranih predmeta u njemu *kao i* besmislenih četvorouglova minimalističke umetnosti iznad sofe boje zobi i rasklopivog nameštaja iz Švedske. Podrumaši iznajmljuju stanove u suterenu; vazduh iznad tog nivoa previše odiše srednjom klasom.

Prestao sam da se šišam. Počeo sam da pijem previše malih bebećih kafa, jakih kao heroin, u malim kafićima gde su šesnaestogodišnjaci sa minđušama u nosu svakodnevno izmišljali nove prelive za salate birajući začine sa najegzotičnijim imenima (*'A! Kar*damon! Daj *to* da probamo!'). Stvorio sam nove prijatelje koji su neprestano kukali kako se južnoameričkim piscima ne pridaje dovoljno pažnje. Jeo sam sočivo. Nosio sam pončo od dlake lame, pušio hrabre male cigarete (*Nacionali*, iz Italije, koliko se sećam). Ukratko, bio sam ozbiljan.

Podrumaška supkultura bila je strogo kodirana: garderoba se sastojala uglavnom od prirodno bojenih i izbledelih majica sa likovima Šopenhauera ili Etel i Julijusa Rozenberga, uz dodatke rastafarijanskih bubuljica i bedževa. Devojke su sve izgledale kao krvoločne crvenokose lezbače, a momci su bili svetlog tena i mrzovoljni. Činilo se da niko nikad ne upražnjava seks, čuvajući umesto toga snagu za rasprave o društvenom radu i smišljanje najboljih ideja za najneuglednije i politički korektne putne destinacije (Nama dolina u Namibiji – ali samo da bi se videle bele rade). Gledali su se samo crno-beli filmovi, često brazilske proizvodnje.

Pregomilavanje: Preterano nadomešćivanje zbog straha od budućnosti uranjanjem nasumice u poslove ili životni stil naizgled nepovezane sa prethodnim životnim interesima, tj. prodaja Amvej proizvoda, aerobik, Republikanska partija, advokatura, kultovi, Poslići...

Zemljani tonovi: Mladalačka podgrupa zainteresovana za vegetarijanstvo, prirodno bojenu odeću, blaže rekreativne droge, i dobru stereo opremu. Ozbiljni, često bez smisla za humor.

Etnomagnetizam: Tendencija mladih ljudi da žive u emocionalno iskazanijim, manje ograničenim etničkim kvartovima: *„Ne bi se ovde snašla, majko – ovde gde sada živim, ljudi se grle."*

I posle nekog vremena života kao Podrumaš, počeo sam da usvajam neke njihove stavove. Počeo sam da se profesionalno snižavam: radio sam poslove koji su bili toliko ispod mojih sposobnosti da su ljudi morali da komentarišu, ‚Pa naravno da bi mogao i *bolje* od ovoga'. Počeo sam da radim i u okviru kultova, od kojih je najbolji oblik bilo sađenje drveća u unutrašnjosti Britanske Kolumbije jednog leta u prijatnoj izmaglici trave i gnjavaže u propalim Ševel i Biskejnu, prekrivenim grafitima.

Sve to sa svrhom da se otresem ljage koju je marketing ostavio na meni, koji je podilazio mojoj potrebi za kontrolu suviše čvrsto, koji je, na neki način, učio da zapravo ne *volim* sebe. Marketing se u suštini svodi na to da se govno vraća nazad gostima u restoranu dovoljno brzo kako bi i dalje mislili da dobijaju pravu hranu. To zapravo nije stvaralaštvo, već krađa, a *niko* se ne oseća dobro zbog krađe.

Međutim, u suštini, moje bežanje od tog životnog stila nije bilo delotvorno. Samo sam koristio *prave* Podrumaše u sopstvene svrhe – na isti način na koji dizajneri eksploatišu umetnike za nove dizajnerske improvizacije. Bio sam uljez, i na kraju mi se stanje toliko pogoršalo da sam najzad doživeo slom sredine dvadesetih. Tada stvari postaju farmakološke, kada dodirnete *dno*, i kada vas ne može nikakav utešni glas umiriti."

Slom sredine dvadesetih: Period mentalnog sunovrata koji se dogodi tokom dvadesetih godina života, često izazvan nesposobnošću osobe da dela izvan škole ili strukturisanih okruženja, kao i spoznajom koliko smo zapravo sami na svetu . Često obeležava inicijaciju u ritual tabletomanije.

MRTAV U 30, SAHRANJEN U 70

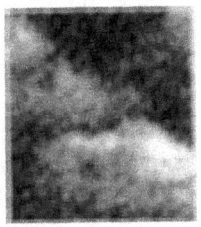

Jeste li nekad primetili kako je teško voditi razgovor pošto ste bili napolju na ručku tokom super vrelog dana? Pravog zapaljivca? Njišuće palme tope se u daljini; odsutno zurim u neravnine na noktima i pitam se unosim li dovoljno kalcijuma. Dagova priča se nastavlja. Prolazi mi kroz glavu dok nas troje ručamo. ¶„Tada je već došla zima. Preselio sam se kod brata, Metjua, pisca džinglova za radio stanice. On je živeo u Bafalu, Njujork, sat vremena vožnje južno od Toronta, grada za koji sam jednom pročitao da je postao prvi severnoamerički ‚grad duhova' pošto je većina njihovih osnovnih firmi zatvorila fabrike i napustila grad jednog lepog dana tokom sedamdesetih. ¶Sećam se kako sam sa prozora Metjuovog stana posmatrao kako se jezero Iri zaledi na nekoliko dana, i razmišljao sam kako taj prizor izgleda otrcano ali u isto vreme i potpuno prikladno. Metju je često putovao poslom van grada, a ja bih sedeo sam nasred njegove dnevne sobe okružen gomilom pornografije i bocama džina, dok je stereo gruvao, i razmišljao, ‚Hej! Pravim žurku samo za sebe!' Bio sam tada na depresivnoj dijeti – sto pun salata od tableta za smirenje i antidepresiva. Bili su mi potrebni kako bih odagnao crne misli. Bio sam ubeđen da su svi ljudi s kojima sam išao u školu na pravom putu da dožive velike stvari, samo ja ne. Više su se zabavljali od mene; nalazili bolji smisao životu. Nisam mogao da se javim na telefon; činilo se da nisam sposoban da doživim životinjsku sreću poput ljudi na televiziji, tako da sam morao da prestanem da je gledam; užasavao sam se ogledala; pročitao sam svaku knjigu koju je Agata Kristi napisala; jednom sam pomislio da sam izgubio sopstvenu senku. Radio sam na automatskom pilotu.

Postao sam aseksualan i telo mi se izvrnulo – pokriveno ledom, ugljenikom i šperpločom poput napuštenih šoping centara, silosa za žitarice i naftnih rafinerija iz Tonavande i sa Nijagarinih vodopada. Seksualni signali postali su sveprisutni i odvratni. Slučajna razmena pogleda sa kasirkama iz obližnje bakalnice postala je ispunjena ogavnim značenjem. Svi pogledi razmenjeni sa strancima postali su neizgovoreno pitanje, ,Jesi li *ti* stranac koji će me izbaviti?' Željan nežnosti, užasnut od mogućeg napuštanja, počeo sam da se pitam je li seks prosto izgovor kako bismo mogli da se duboko zagledamo u oči drugog ljudskog bića.

Ali ono što me je najviše pogodilo je način na koji *mladi* ljudi mogu da te pogledaju u oči, radoznalo ali bez trunke telesne gladi. Tinejdžeri i još mlađi, koje sam video srećne, da im samo na tome možete pozavideti, tokom kratkog perioda kada sam patio od agorafobije i posećivao šoping centre u Bafalu

---

Uspehofobija: Strah od toga da, ako postanete uspešni, vaše lične potrebe biće zaboravljene, i niko više neće zadovoljavati vaše detinjaste potrebe.

koji su još uvek bili otvoreni. Osećao sam da je taj bezazleni izgled zauvek izbrisan za mene, i bio sam uveren da ću sledećih četrdeset godina prazno hodati glumeći životne pokrete, sve vreme osluškujući šumeći i podrugljiv zvuk udaraljki mladalačke mumije koja odskakuje u mojoj unutrašnjosti.

Okej, okej. Svi mi ponekad prolazimo kroz krizu, ili, pretpostavljam, ne osećamo se ispunjeno. Mogu ti *reći* koliko ljudi poznajem koji tvrde da su imali krizu srednjih godina u ranom periodu svog života. Ali uvek dođe trenutak kada nas mladost izneveri; kada nas fakultet izneveri; kada nas mama i tata iznevere. U mom slučaju, nikad više neću moći da nađem utehu u tim subotnjim jutrima provedenim u sobama za igru, pokrivenim izolacijom od pleksiglasa, slušajući glas Mela Blana[1] na TV-u, nevoljno udišući isparenja ksenona iz građevinskih blokova, grickajući tablete sa vitaminom C, i mučeći barbike moje sestre.

Ali moja kriza nije se svodila samo na neuspeh mladosti, već i na neuspeh klase, seksa, budućnosti i *još* ne znam čega sve ne. Počeo sam da gledam na ovaj svet kao na svet gde građani bulje u, recimo, Milosku Veneru bez ruku i maštaju o seksu sa ljudima sa amputiranim udovima, ili koji puritanski stavljaju list smokve preko Davidove statue, ali ne pre nego što mu odlome đoku za suvenir. Svi događaji su postali predskazanja; izgubio sam sposobnost da bilo šta shvatim bukvalno.

Tako je svrha svega ovoga bila da moram početi ispočetka. Morao sam čak da idem i dalje od toga.

---

[1] *Orig.* Mel Blanc. Čuveni američki glumac koji je pozajmljivao glasove najomiljenijim likovima iz crtanih filmova kompanija Vorner Bros. i Hana i Barbera; između ostalih, glas Duška Dugouška, Patka Dače, Pevca Sofronija, itd. (*Prim. prev.*)

Život mi je postao niz zastrašujućih događaja koji jednostavno nisu bili dovoljno povezani da bi tvorili zanimljivu knjigu, a, *Bože*, tako brzo ostarimo! Vreme nam ističe. Tako da sam sve ostavio i krenuo tamo gde je vreme vrelo i suvo i gde su cigarete jeftine. Kao i ti i Kler. I sada sam ovde."

NE MOŽE POTRAJATI

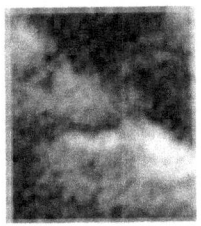

I sada znate malo više o Dagu (ma koliko vrludavo izgledala narativna prezentacija njegovog života). A u međuvremenu, na našem pikniku ovog živahnog dana u pustinji, Kler upravo završava piletinu, briše svoje naočare za sunce, i ponovo ih s autoritetom stavlja na vrh nosa, što je značilo da se sprema da ispriča priču. ¶A sada nešto više o Kler: žvrlja kad piše kao taksisti. Zna da pravi origami ždrala kao Japanci i zapravo joj se sviđa ukus pljeskavica od soje. Stigla je u Palm Springs jednog vrelog, vetrovitog dana na materice, dan kada je Nostradamus (prema nekim tumačenjima) predvideo da će se desiti smak sveta. ¶Tada sam radio za barom pored bazena u La Spa de Luksemburg, mnogo oholijem mestu od nižerazrednog Lerijevog bara i letovalištu sa ukupno devet bazena sa lekovitim vodama i stilizovanim, kobajagi srebrnim, escajgom. Teške stvari, a gosti su uvek bili impresionirani. U svakom slučaju, sećam se da sam posmatrao nebrojivo mnogo Klerinih glasnih braće i sestara, polubraće i polusestara, kako neprestano čavrljaju na suncu pored bazena, poput papiga u kavezu dok ih mrzovoljni i gladni mačor vreba s druge strane rešetki. Za ručak su jeli samo ribu, i pri tome isključivo sićušnu ribu. Kako je jedan od njih rekao, „Velika riba je previše vremena provela u vodi, i sâm Bog *zna* šta je sve za to vreme pojela." A kakvi su tek foleri bili! Držali su nepročitani primerak *Frankfurter Algemajne Cajtunga* na stolu čitava tri dana. Šta da vam kažem.

Za obližnjim stolom, gospodin Bekster, Klerin otac, sedeo je sa svojim sjajnim pajdašima okićenim nakitom i ignorisao svoje potomstvo, dok je gospođa Skot-Bekster, njegova četvrta žena-trofej, mlada plavuša koja se dosađivala, mrko posmatrala Bekster leglo kao majka kuna na farmi kuna, iščekujući da se mlazom išćisti čitava prostorija, što bi joj omogućilo da se napravi užasnuta i pojede svoje mlade.

Čitav Bekster klan je *skupa* prebačen iz Los Anđelesa tog vikenda na zahtev veoma sujevernog gospodina Bekstera, preobraćenika Novog doba (uticaj žene broj tri), kako bi izbegli sasvim siguran usud u gradu. Potreseni stanovnici Los Anđelesa poput njega melodramatično su zamišljali kako neobično velike kuće iz doline i kanjona bivaju usisane u otvore u zemlji uz bogate zvuke nemilosrdnog grlatog mljackanja, dok ih sve vreme zasipa kiša žaba kra-

stača. Pravi Kalifornijac, šalio se: „Pa, bar dobro izgleda."

Kler je, međutim, sedela i izgledala duboko nezainteresovana za duhovite, „kurzivne" razgovore svoje porodice. Iz dosade je pridržavala na stolu papirni tanjir prepunjen hranom sa malo kalorija a bogatom vlaknima, koja se sastojala od klica ananasa i piletine bez kožice, dok su jaki vetrovi, neobično za to doba godine, duvali sa San Hasinto planine. Sećam se morbidnih delića razgovora koje su vodile za stolom horde elegantnih i glamuroznih mladih Bekstera:

„Nostradamus je predskazao *His*tera, a ne *Hit*lera", jedan od braće, Alen, tip iz privatne škole, povikao je za stolom, „a predvideo je *i* atentat na Kenedija."

„Ne *sećam* se atentata na Kenedija."

„Nosiću toku na zabavi zbog kraja sveta u Zoli večeras. Kao Džekinu. Izgledaću *istorijski*."

„Njen šešir je napravio *Holston*[1], znaš."

„To je *tako* Vorholovski."

„Mrtve slavne ličnosti su *de facto* zabavne."

„Sećate se one Noći veštica od pre nekoliko godina za vreme afere oko prčkanja sa tilenolom[2], kada su svi dolazili na zabave obučeni u kostim kutija tilenola..."

„... a onda izgledali povređeni kada su shvatili da nije samo njima ta ideja pala na pamet."

---

[1] *Orig.* Roy Halston Frowick, čuveni američki modni dizajner iz 1970-ih. (*Prim. prev.*)
[2] Vrsta leka protiv bolova i povišene temperature, slična paracetamolu. (*Prim. prev.*)

„Znate, *mnogo* je glupo što smo ovde, pošto tri zemljotresna rascepa prolaze baš kroz grad. Mogli bismo isto tako da iscrtamo mete na majicama."

„Je li Nostradamus ikad nešto rekao o snajperistima koji ubijaju nasumice?"

„Mogu li se musti konji?"

„Kakve sad *to* veze ima sa bilo čime?"

Razgovori su im trajali neprekidno, bili usiljeni i popustljivi, nekad su zvučali kao ostaci engleskog jezika posle viševekovne premetačine od strane preživelih iz nuklearnog rata. Ali s druge strane njihove reči su tako snažno odražavale duh tog vremena, da su mi i danas u sećanju:

„Video sam jednog muzičkog producenta na parkingu. On je sa ženicom krenuo za *Jutu*. Rekli su da je ovo mesto podložno katastrofama, i da je jedino Juta bezbedna. Vozili su sjajan zlatni korniš[1], u čijem su gepeku imali kutije zamrznute vojne hrane i flaširanu vode iz Alberte. Ženica je bila stvarno uplašena."

„Jeste li videli pola kila sala od liposukcije u kancelariji medicinske sestre? Izgledalo je isto kao plastična hrana u izlozima suši restorana. Izgleda kao voćni pire od malina i kivija."

---

[1] *Orig.* Corniche, model rols-rojs automobila. (*Prim. prev.*)

Verovanje u sigurnosne mreže: Verovanje da će uvek postojati finansijska i emocionalna sigurnosna mreža da vas zaštiti od životnih bolova. Obično se misli na roditelje.

Pretpostavka razvoda: Oblik *verovanja u sigurnosne mreže*, verovanje da ako brak ne bude uspešan, neće biti nikakvih problema jer supružnici jednostavno mogu da se razvedu.

„Nek neko isključi ventilator, za ime Božje, osećam se kao da sam na nekom modnom snimanju."
„Prestani da izigravaš manekena."
„Zviždukaću neku evropsku diskačinu."
(Papirni tanjiri prepunjeni govedinom, ajvarom i mladim povrćem u tom trenutku su već odletali sa glatkih belih stolova, pravo u bazen.)
„Ne obaziri se na vetar, Dejvi. Ne prihvataj sranja od prirode. Proći će."
„Hej... je li moguće oštetiti sunce? Hoću da kažem, ovde na zemlji možemo da uništimo praktično sve. Ali možemo li da sjebemo sunce kad bismo to hteli? Ne znam. *Možemo* li?"
„Mene više brinu kompjuterski virusi."
Kler ustade i priđe baru gde sam radio da uzme poslužavnik sa koktelima Kejp Kod[1] („Više Kejpa, a manje Koda, moliću") i slegnu značajno ramenima. Zatim se vrati do stola, okrenuvši mi leđa, uokvirena jednodelnim crnim kupaćim kostimom – bledobela leđa prekrivena luckastom mrežom ožiljaka boje kita. Oni su bili ostaci, kasnije sam otkrio, davno prošle bolesti iz detinjstva zbog koje je neko vreme bila nepokretna i provodila vreme po bolnicama od Brentvuda do Lozane. U tim bolnicama lekari su izvlačili ogavne virusne tečnosti iz njene kičme, a u njima je provela godine uobličavanja svog života u razgovorima sa hendikepiranim dušama na lečenju – institucionalnim slučajevima na granici, skrajnutima, pijanicama („Do današnjeg dana, više volim da razgovaram sa nekompletnim ljudima; oni su kompletniji").

---

[1] *Orig.* Cape Cod. Koktel sa votkom, sokom od brusnice i limetom. Ime dobio po Kejp Kodu, poluostrvu u državi Masačusets, SAD. (*Prim. prev.*)

Ali Kler tada zastade i vrati se za bar, gde je podigla naočare za sunce sa nosa i poverila mi se, „Znaš, stvarno mislim da kada Bog stvara porodice, gurne prst u bele strane i odabere grupu ljudi nasumice a onda im kaže, ,Hej! Provešćete sledećih sedamdeset godina zajedno, iako nemate ništa zajedničko i čak se i ne *sviđate* jedni drugima. *I*, ako ne osećate da vam je stalo do ijednog člana ove grupe stranaca, *makar na sekundu*, osećaćete se *odvratno*.' Verujem u to. Šta ti misliš?"

Istorija nije zabeležila moj odgovor.

Odnela je pića svojoj porodici, koji su joj horski uzvratili, *„Hvala, usedelice"*, a onda se vratila za bar. Imala je tada, kao i sada, kratku kosu, bubi frizuru koja je podsećala na Beti Bup, i želela je da zna šta ja tražim u Palm Springsu od svih mesta. Rekla je da svako ispod tridesete ko živi u letovalištu mora da nešto muti: „makroisanje, dilovanje drogom, kurvanje, detoksikacija, beg, smišljanje prevara, ili bilo šta slično." Izokola sam joj rekao da jednostavno pokušavam da izbrišem sve tragove istorije iz svoje prošlosti, i to je shvatila bukvalno. Zatim je opisala sopstveni posao u Los Anđelesu ispijajući piće, odsutno tragajući za novim bubuljicama na licu gledajući svoj odraz u polici sa ogledalom iza mene.

Antidopust: Biti na poslu sa jedinom namerom da se na njemu ostane ograničeni vremenski period (obično godinu dana). Namera je obično da se zaradi za to vreme dovoljno sredstava kako bi se učestvovalo u nekoj drugoj, lično značajnijoj aktivnosti kao što je slikanje vodenim bojama na Kritu ili dizajniranje džempera koje prave kompjuteri u Hong Kongu. Poslodavci su retko kad svesni takvih namera.

„Ja sam asistent za kupovinu odeće – dnevne" priznala je, ali odmah i dodala da joj je moda samo kratkoročna okupacija. „Mislim da me ne čini boljom osobom, a i modna industrija je *tako* krcata nepoštenjem. Želela bih da odem u neke stenovite predele, neke malteške predele, i jednostavno ispraznim mozak, čitam knjige, i budem sa ljudima koji žele to isto."

U tom trenutku sam posadio klice koje su uskoro unele tako neočekivane i divne plodove u moj život. Rekoh, „Zašto se ne preseliš *ovde*? Ostavi sve." Među nama se osećalo prijateljstvo koje me je navelo da bezbrižno nastavim: „Počni ispočetka. Smisli novi život. Otarasi se neželjenih zaleta. Samo pomisli kako bi to delovalo terapeutski, a i ima jedan prazan bungalov baš do mog. Mogla bi sutra da se useliš, a ja znam *dosta* viceva."

„Možda i hoću", reče ona, „možda i hoću." Nasmešila se a onda okrenula ka svojoj porodici, koja se i dalje šepurila i brbljala, svađajući se oko dužine đoke Džona Dilindžera, raspravljajući o demonskim aspektima telefonskog broja Klerine sestre Džoan – koji je imao tri šestice zaredom – i još ponešto o mrtvom Francuzu Nostradamusu i njegovim predskazanjima.

„Samo ih pogledaj, molim te. Zamisli da u dvadeset *sedmoj* godini moraš da ideš u Diznilend sa svim svojim sestrama i braćom. Ne mogu da verujem da sam im dozvolila da me ponovo uvuku u sve ovo. Ako vetar ne razruši ovo mesto uskoro, samo će biti usisano zbog nedostatka nekonvencionalnosti. Imaš li ti braće i sestara?"

Objasnio sam da imam tri brata i tri sestre.

„Onda *znaš* kako to izgleda kada svako počne da odgriza budućnost u grozne sitne komade. Bože, kad počnu tako da pričaju – znaš sve ovo o seks tračevima i budalaštinama o smaku sveta, pitam se da oni zapravo ne ispovedaju nešto drugo jedni drugima."

„Kao šta?"

„Koliko se stravično svi oni plaše, na primer. Hoću da kažem, kada ljudi počnu da pričaju o gomilanju konzervi govedine u garažama i zasuze im oči na pomisao o Sudnjim danima, onda je to najupečatljivija ispovest koju možeš videti o tome koliko su nesrećni zato što se život ne razvija onako kako su oni zamišljali."

Bio sam na sedmom nebu! A kako i da *ne* budem, kada sam konačno naišao na nekog ko priča ovakve stvari? I nastavili smo razgovor na tu temu još jedno sat vremena, možda, prekidajući samo povremeno kako bih ja poslužio koktele sa rumom i kada je Alan prišao baru da zgrabi činiju sa pečenim bademima i šljepne Kler po leđima: „Momak – je l' te Usedelica to muva?"

„Alan i ostatak porodice me smatraju čudakinjom jer se još nisam udala", reče mi a zatim se okrenu i prosu svoj ružičasti Kejp Kod koktel po njemu. „I prestani da me oslovljavaš tim groznim imenom."

Međutim, Alan nije stigao da joj vrati. Začula se halabuka oko stola gde je sedeo gospodin Bekster, gde se jedno telo skljokalo sa stolice a jato preplanulih sredovečnih muškaraca, velikih stomaka i sa previše nakita, krstilo se i okupilo oko skljokanog tela – bio je to gospodin Bekster sa rukom stegnutom preko grudi i očiju širom otvorenih, ličeći tako na Kakao, somotnog klovna za crtanje.

„O, ne *opet*", rekoše Alan i Kler u jedan glas.

„Ti ćeš ovaj put, Alane? Na *tebe* je red."

Alan se, dok je sa njega curio sok, uz gunđanje uputio ka stolu, gde je nekoliko ljudi tvrdilo da su već zvali hitnu pomoć.

„Izvini, Kler", rekoh, „ali izgleda da je tvoj otac imao srčani udar ili tako nešto. Da nisi malo, pa, ne znam... *hladna* u vezi sa tim?"

„O, Endi. Ne brini. On ovo radi triput godišnje – samo je bitno da ima veliku publiku."

Nastala je zbrka pored čitavog bazena, ali mogli ste da prepoznate članove porodice Bekster u čitavom tom haosu jer su bili najmanje zabrinuti i uzbuđeni, pokazujući bezvoljno ka halabuci kada se pojavila hitna pomoć (često viđen prizor u Palm Springsu). Tamo su stavili gospodina Bekstera na nosila, pošto su rekli najnovijoj gospođi Skot-Bekster da prestane da mu gura kristale u šaku (i ona je pripadala Novom dobu), odneli ga, da bi se začulo glasno zvečanje što je prenulo sve ljude oko bazena. Pogledavši ka nosilima videli su da je nekoliko komada escajga ispalo iz džepa gospodina Bekstera. Njegovo se posivelo lice sledilo i tišina koja je nastupila bila je istovremeno naelektrisana i bolna.

„O, tata", reče Alan, „Kako si mogao da nas ovako obrukaš?" reče zatim, podigavši jedan komad, i gledajući ga procenjivački. „To je samo običan *tanjir*. Zar te nismo dobro podučili?"

Zategnuta situacija se opustila. Ljudi su počeli da se smeju, a gospodina Bekstera su odneli u bolnicu, gde se kasnije ispostavilo da je zaista imao istinski opasan srčani udar. Kler je u međuvremenu, primetio sam krajičkom oka, sela na ivicu jednog od bazena sa lekovitim muljem oker boje, dok su joj noge visile u vodi boje meda, i zurila u sunce, koje je skoro zašlo za planinu. Tihim glasom je pričala sa suncem i izvinjavala mu se ako smo ga povredili ili uvredili. Tog trenutka sam znao da ćemo biti prijatelji do kraja života.

KUPOVINA NIJE STVARANJE

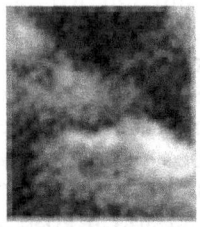

Psi su već iscrpljeni od vrućine i ležanja u senci Saba, jureći zamišljene zečeve i trzajući zadnjim nogama. Dag i ja, obojica u komi od ugljenih hidrata, ne zaostajemo i dobri smo slušaoci dok Kler počinje svoju priču za ovaj dan. ¶„Ovo je priča iz Tekslahome", kaže, na naše veliko zadovoljstvo, jer Tekslahoma je izmišljeni svet koji smo stvorili i gde se odvija radnja mnogih naših priča. To je bilokoje tužno mesto, gde građane stalno otpuštaju s posla iz lokalnih prodavnica i gde se klinci drogiraju i isprobavaju najnovije plesove na lokalnom jezeru, gde takođe maštaju o tome da budu odrasli i proneveravaju čekove socijalne pomoći dok pretražuju kožu od opekotina od jezerske vode. Tekslahomljani kradu jeftine imitacije parfema iz bagatelnih radnji i pucaju jedni na druge tokom večera za Dan zahvalnosti svake godine. I otprilike jedina dobra stvar koja se tamo događa je uzgajanje hladne, neglamurozne pšenice, na šta su Tekslahomljani s pravom ponosni; zakon nalaže da svi građani stave stikere na kola na kojima piše: BEZ FARMERA NEMA HRANE. ¶Život je tamo dosadan, ali ipak ima i nekih uzbuđenja: svi odrasli čuvaju velike količine jeftino sašivenog crvenog seksi veša u svojim ormanima i fiokama. To su gaćice i škakljiva odeća koja je poslata raketom iz Koreje – a kažem raketom jer je Tekslahoma asteroid u Zemljinoj orbiti, gde je stalno 1974. godina, godina posle naftne krize i godina od koje prava vrednost plata u SAD nikad više nije porasla. U atmosferi ima kiseonika, trica od pšenice, i kratkotalasnih radio-prenosa. Zabavno je provesti tamo jedan dan, a onda poželite da pobegnete odande glavom bez obzira.

U svakom slučaju, sada kada znate kakva je Tekslahoma, da pređemo na Klerinu priču.

„Ovo je priča o astronautu po imenu Bak. Jednog popodneva, astronaut Bak imao je problema sa svemirskim brodom i bio prinuđen da sleti na Tekslahomu – u predgrađe, u dvorište kuće porodice Monro. Problem sa Bakovim brodom bio je taj što nije bio programiran za gravitaciju Tekslahome – ljudi na Zemlji su zaboravili čak i da mu kažu da Tekslahoma postoji!

‚To se stalno dešava', rekla je gospođa Monro, dok je odvodila Baka od broda i pored ljuljaške u dvorištu, ka kući, ‚Kejp Kanaveral prosto zaboravlja da smo mi ovde.'

Pošto je bilo oko podneva, gospođa Monro je ponudila Baku vruć hranljiv ručak od ćufti sa sosom od pečuraka i kukuruza iz konzerve. Bilo joj je drago da ima društvo: njene tri ćerke su bile na poslu, a muž je radio na polju, na vršialici.

Zatim je, posle ručka, pozvala Baka u dnevnu sobu da gleda TV kvizove sa njom. ‚Obično bih sada

ZAUSTAVITE ISTORIJU

bila u garaži i pravila inventar proizvoda od aloje koje prodajem, ali trenutno mi posao i ne ide baš najbolje.'

Bak je klimnuo glavom u znak razumevanja.

„Jesi li ikad razmišljao da se baviš prodajom proizvoda od aloje kada se penzionišeš kao astronaut, Bak?'

„Ne, gospođo', reče Bak, „nisam.'

„Razmisli o tome. Sve što treba da uradiš je napraviš lanac prodavaca ispod sebe i pre nego što i shvatiš, ne moraš uopšte ništa ni da radiš – samo se zavališ i ubiraš plodove.'

„Ma, je li moguće', reče Bak, koji je takođe uputio kompliment gospođi Monro za zbirku kutija za šibice-suvenira koje su stajale u ogromnoj čaši za konjak na stolu dnevne sobe.

Ali odjednom su se stvari pogoršale. Na oči gospođe Monro, Bak je počeo da bledi i dobija zelenu boju, a glava je počela da se nekako četvrtasti i da po njoj izbijaju vene, kao kod Frankenštajna. Bak je potrčao da se pogleda u malom ogledalu za papigu, jedinom koje je našao, i odmah je shvatio o čemu se radi: imao je kosmičko trovanje. Simptomi su uključivali da će izgledati kao čudovište, i ubrzo upasti u skoro neprekidan san.

Zakonom propisana nostalgija: Naterati grupu ljudi da imaju sećanja koja u stvari ne poseduju: „*Kako mogu da budem deo generacije iz 1960-ih, kada ih se uopšte i ne sećam?*"

Poricanje sadašnjice: Govoriti samom sebi da je jedino vreme vredno življenja bilo u prošlosti i da je jedino vreme koje bi moglo iole biti zanimljivo budućnost.

Gospođa Monro je, međutim, odmah pretpostavila da su njene ćufte u sosu od pečuraka bile pokvarene i da je kao posledica njenih kulinarskih nedostataka, upropastila privlačan izgled astronauta, a moguće i njegovu karijeru. Ponudila se da ga odvede do lokalne ambulante, ali je Bak to odbio.

„Tako je možda i bolje', reče gospođa Monro, ,s obzirom na to da tamo imaju samo vakcine peritonitisa i spasilačku opremu.'

„Samo mi pokažite gde bih mogao da legnem da spavam', reče Bak, ,patim od kosmičkog trovanja, i za samo nekoliko minuta pašću u dubok san. I izgleda da ćete morati da me negujete neko vreme. Je l' obećavate da ćete me negovati?'

„Naravno', odgovori gospođa Monro, srećna što se izvukla od trovanja hranom, i brzo mu je pokazala prohladnu sobu u podrumu sa nezavršenim zidovima prekrivenim daskama od lažnog drveta. U njoj su se nalazile i police za knjige na kojima su stajali trofeji koje je gospođa Monro osvojila u karlingu, kao i igračke njenih triju ćerki: zbirka plišanih Snupi igračaka, lutaka, dečijih rerni, i Nensi Dru krimića[1]. A krevet koji je ponuđen Baku da u njemu spava bio je majušan – dečiji krevet – pokriven zgužvanim ružičastim prekrivačem koji je mirisao kao da je previše dugo bio u magacinu Crvenog krsta. Na njegovom naslonu bili su izlepljeni stikeri Sare Kej, Veronike Lodž[2] i Beti Kuper[3], poluodlepljeni. Sobu očigledno nikad nisu koristili i skoro su je

---

[1] *Orig.* Nancy Drew. Čuvena serija krimi romana, gde je Nensi Dru glavni lik. (*Prim. prev.*)
[2] *Orig.* Veronica Lodge. Fiktivna strip junakinja, tinejdžer. (*Prim. prev.*)
[3] *Orig.* Betty Cooper. Takođe fiktivna strip junakinja, tinejdžer. (*Prim. prev.*)

zaboravili, ali Baku to nije smetalo. Sve što je želeo je da padne u dubok, dubok san. I to je uradio.

Sada, kao što možete zamisliti, Monro ćerke su bile više nego uzbuđene što jedan astronaut/čudovište spava zimskim snom u gostinskoj sobi. Jedna po jedna, tri sestre, Arlin, Darlin i Serena, sišle su do sobe da bi buljile u Baka, koji je tamo spavao u njihovom krevetu među uspomenama na njihovo detinjstvo. Gospođa Monro nije dozvolila svojim kćerima da dugo vire, još uvek delimično verujući u sopstvenu odgovornost za Bakovu bolest, i oterala ih je, želeći mu da se brzo oporavi.

U svakom slučaju, život se manje-više vratio u normalu. Darlin i Serena su nastavile da rade na odeljenju parfema u lokalnoj bagatelnoj radnji, posao gospođe Monro oko prodaje proizvoda od aloje bio je u usponu, zbog čega je odsustvovala od kuće, gospodin Monro je bio na svojoj vršalici, ostavljajući samo Arlin, najstariju kćer, koju su nedavno otpustili iz lokalne bakalnice, da neguje Baka.

„Neka svakako jede dosta!" viknula je gospođa Monro iz svog zarđalog Bonvila[1] dok je uz škripu guma izlazila iz dvorišta, na šta joj je Arlin mahnula a onda požurila u kuću, u kupatilo, gde je očešljala svoju plavu paperjastu kosu, našminkala se izazovno, a onda požurila do kuhinje da spremi poseban ručak za Baka, koji se, zbog kosmičkog trovanja, budio samo jednom dnevno u podne, a i tada samo na pola sata. Napravila je porciju ražnjića od bečkih kobasica i žutog sira. Ovo je ljupko poređala na tanjir oblika koji je podsećao na logo lokalnog

---

[1] *Orig.* Bonneville. Model američkog auta pontijak. (*Prim. prev.*)

šoping centra, slovo C od šoping centra Krestvud[1], jako nagnutog nadesno. ‚*S pogledom na budućnost'* kako je pisalo u lokalnim novinama na otvaranju centra nekoliko stotina godina ranije kada je još uvek bila 1974, čak i tada, jer, kako sam već pomenuo, na Tekslahomi je oduvek 1974. godina. Koliko bar podaci pokazuju. Šoping centri, na primer, novotarije skorijeg datuma na Zemlji, nudili su Tekslahomljane patikama, limenim drangulijama, i duhovitim čestitkama već nebrojeno mnogo milenijuma.

U svakom slučaju, Arlin je pojurila u podrum sa tanjirom hrane i privukla stolicu krevetu, sela i pravila se da čita knjigu. Kada se Bak probudio jednu sekundu posle podneva, prvo što je ugledao bila je ona kako čita, i pomislio je da izgleda savršeno. A što se tiče Arlin, pa, ona je osetila slabašnu romantičnu aritmiju istog trenutka, uprkos činjenici da je Bak izgledao kao Frankenštajnovo čudovište.

‚Gladan sam', reče Bak Arlin, na šta ona odgovori, ‚Molim te, molim, uzmi malo ovih ražnjića od bečkih kobasica i sira. Sama sam ih napravila. Bili su zaista izuzetno traženi na daći za čika Klema prošle godine.'

‚Daći?'

‚O, da. Prevrnuo mu se kombajn tokom žetve, i bio je zarobljen unutra čitava dva sata dok je čekao da donesu mehanizaciju kako bi mogli da ga spasu. Napisao je testament svojom krvlju na tavanici kabine.'

Od tog trenutka, između njih dvoje razvila se lakoća razgovora, i vrlo uskoro, buknula je i ljubav, ali tu je ležao i problem, jer Bak bi uvek zaspao malo

---

[1] *Orig.* Crestwood Mall. *(Prim. prev.)*

pošto bi se probudio, zbog kosmičkog trovanja. To je žalostilo Arlin.

Konačno jednog podneva, baš kad se Bak probudio, rekao je Arlin, ‚Arlin, mnogo te volim. Voliš li ti *mene*?' I, naravno, Arlin je odgovorila, ‚da', na šta je Bak rekao, ‚Da li bi bila spremna da mnogo rizikuješ i pomogneš mi? Mogli bismo da zauvek budemo zajedno i pomogao bih ti da odeš sa Tekslahome.'

Arlin su oduševila oba predloga i reče, ‚da, da', i tada joj Bak reče šta bi morala da uradi. Naime, zraci radijacije koje emituje zaljubljena žena imaju baš pravu frekvenciju za pokretanje motora svemirskog broda i omogućili bi mu da uzleti. I kad bi Arlin jednostavno pošla sa njim na brod, mogli bi da odu, i Bak bi mogao da dobije lek protiv kosmičkog trovanja u bazi na Mesecu. ‚Hoćeš li da mi pomogneš, Arlin?'

‚Naravno, Bak.'

‚Postoji samo *jedna* caka.'

‚O?' Arlin se sledila.

‚Znaš, kad poletimo, u brodu će biti dovoljno vazduha samo za jednu osobu, i bojim se da ćeš posle poletanja morati da umreš. Žao mi je. Ali, naravno, kada stignemo na Mesec, tamo ću imati sve potrebno da te vratim u život. U stvari i nema problema.'

Arlin je zurila u Baka, a niz obraz joj je pocurila suza, pala na usnu i jezik, gde je osetila njen slani ukus, nalik urinu. ‚Žao mi je, Bak, ali ja to ne mogu da učinim', reče, dodajući da bi možda bilo najbolje da ga ona više ne neguje. Slomljenog srca ali ne i iznenađen, Bak je ponovo zaspao a Arlin se popela gore.

Na sreću, Darlin, najmlađa ćerka, dobila je otkaz na prodaji parfema tog dana i mogla je da preuzme negovanje Baka, dok je Arlin našla posao u pečenjari pilića i više nije bila u blizini da se oseća sumorno oko Baka.

Ali kako se Bak oporavljao od slomljenog srca a Darlin je imala isuviše slobodnog vremena, bilo je samo pitanje trenutka, praktično, pre nego što je ljubav opet buknula. Nekoliko dana kasnije, Bak je uputio istu molbu za pomoć Darlin, ‚Hoćeš li, molim te, da mi pomogneš, Darlin, toliko te volim?'

Ali, kada je Bak pomenuo da Darlin mora da umre, kao i njena sestra pre nje, ona se sledila. ‚Žao mi je, Bak, ali ne mogu to da učinim', i ona je rekla, dodajući da bi verovatno bilo najbolje da ga ona više ne neguje. Ponovo slomljenog srca ali ni ovog puta iznenađen, Bak je ponovo zaspao a Darlin se popela gore.

Da li treba uopšte da napominjem, ali istorija se *ponovila*. Darlin je našla posao u drumskoj kafani, a Serena, srednje dete, dobila je otkaz na odeljenju mirisa u Vulvortu i tako dobila zadatak da neguje Baka, koji više nije bio novina u podrumu već pre neka vrsta napasti – istog tipa napasti kao, recimo, pas ljubimac oko koga se deca raspravljaju čiji je red da ga nahrani. I kada se Serena jednog podneva pojavila sa ručkom, sve što je Bak mogao izgovoriti bilo je, ‚Bože, zar je još jedna od vas Monro devojaka dobila otkaz? Zar nijedna ne može da zadrži posao?'

Ovo nije preterano potreslo Serenu. ‚To su samo sitni poslovi', reče. ‚Učim da slikam i jednog dana ću biti tako dobra da će gospodin Leo Kasteli iz Leo Kasteli umetnničke galerije u Njujorku poslati spasilačku ekipu po mene da me odvedu sa ovog prokletog asteroida bogu iza nogu. Evo', reče, gurajući mu na grudi tanjir sa celerom i šargarepom, ‚jedi ove štapiće celera i ćuti. Izgledaš kao da su ti potrebna vlakna.'

Pa. Ako je Bak i mislio da je bio zaljubljen ranije, shvatio je sada da su to bile samo varke i da je zapravo Serena ona prava. Provodio je svoje budne trenutke nekoliko narednih nedelja uživajući u polusatnom vremenu provedenom sa Serenom, kada joj je govorio o izgledu neba iz kosmosa, i slušajući Serenu kako priča o tome kako bi volela da slika planete samo kad bi mogla da vidi kako izgledaju.

‚Mogu da ti pokažem nebo, a mogu i da ti pomognem da odeš sa Tekslahome – ako bi pošla sa mnom, Serena, ljubavi', reče Bak, koji je u crtama opisao plan njihovog odlaska. I kada je objasnio da bi Serena morala da umre, jednostavno je rekla, ‚Shvatam'.

Sledećeg dana u podne kada se Bak probudio, Serena ga je podigla iz kreveta i iznela iz podruma uz stepenice, gde je on nogama oborio uramljene porodične fotografije slikane pre mnogo godina. ‚Ne zaustavljaj se', reče Bak. ‚Idi dalje – nemamo još mnogo vremena'.

Napolju je bio hladno sivo popodne dok je Serena nosila Baka preko ožutelog jesenjeg travnjaka i unela ga u svemirski brod. Kada su ušli, seli su, zatvorili vrata, i Bak je iskoristio poslednje atome energije da uključi motor i poljubi Serenu. Kao što je i rekao, ljubavni talasi iz njenog srca pokrenuli su motor, i brod je uzleteo, visoko u nebo i van gravitacionog polja Tekslahome. I pre nego što se Serena onesvestila a onda i umrla zbog nedostatka kiseonika, poslednje što je videla bilo je Bakovo lice sa koga je spadala bledozelena Frankenštajnova koža u velikim komadima pravo na komandnu tablu, tako otkrivajući zgodnog ružičastog mladog astronauta ispod nje, a napolju je videla zaslepljujuće bledoplavi kliker od Zemlje u kontrastu sa crnim nebom po kojem su se slivale zvezde poput prosutog mleka.

Dole na Tekslahomi, Arlin i Darlin su se u međuvremenu obe vraćale sa posla kući, gde su obe dobile otkaze, baš na vreme da vide odlazak svemirskog broda i kako njihova sestra nestaje u stratosferi u vidu duge, sve bleđe bele linije. Sele su u ljuljašku, nesposobne da uđu u kuću, razmišljajući i zureći u tačku gde je mlazni trag nestao, slušajući zveckanje lanaca i prerijski vetar.

‚Svesna si', reče Arlin, ‚da je čitava ta priča da bi Bak mogao da nas vrati u život najobičnija budalaština.'

‚O, znala sam *to*', reče Darlin. ‚Ali to ne menja na stvari, ipak sam ljubomorna.'

‚Da, i ja sam.'

I dve sestre su zajedno ostale da sede do duboko u noć, osvetljene samo svetlom sa Zemlje, takmičeći se koja može da gurne ljuljašku više u vazduh."

RE KON STRUKCIJA

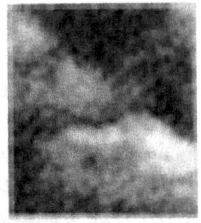

Kler i ja se nikad nismo zaljubili, iako smo se svojski trudili. Dešava se. U svakom slučaju, sada je možda dobar trenutak da vam kažem nešto više o sebi. Kako da počnem? Pa, zovem se Endru Palmer, imam skoro trideset godina, studiram jezike (japanski mi je specijalnost), imam veliku porodicu (o tome ću vam više reći nešto kasnije), i rođen sam sa ektomorfnim telom, sve sama kost i koža. Međutim, pošto sam dobio inspiraciju odlomkom iz dnevnika pop umetnika gospodina Endija Vorhola – odlomkom gde on žali zbog činjenice da je tek u pedesetim godinama shvatio da dâ je vežbao ranije, mogao je imati telo (zamislite da nemate telo!) – pokrenuo sam se u akciju. Počeo sam sa rigoroznim vežbanjem koje je ptičji kavez od mog grudnog koša pretvorilo u golubije grudi. Otad, imam telo – tako sam rešio *jedan* problem. ¶Ali zatim, kao što sam već napomenuo, nikad nisam bio zaljubljen, i *to jeste* problem. Čini se da jednostavno budem *prijatelj* sa svima, i kažem vam, baš mrzim to. Želim da se zaljubim. ¶Ili bar mislim da želim. ¶Nisam siguran. Čini se tako... *zbrkano*. ¶Dobro, dobro, bar sam *svestan* činjenice da *ne* želim da život provedem sam, i kako bih vam to približio, ispričaću vam tajnu priču, koju neću ispričati čak ni Dagu i Kler danas na ovom našem pikniku u pustinji. Priča ide ovako:

Jednom davno živeo je mladić po imenu Edvard koji je živeo sam sa velikom dozom dostojanstva. Bio je toliko dostojanstven da kada je pravio samačke obroke svake večeri u pola sedam, uvek se trudio da ih ukrasi malenom živahnom grančicom peršuna. Tako je mislio da peršun izgleda: *živahno*. Živahno i dostojanstveno. Takođe bi se pobrinuo da brzo opere *i* obriše posuđe pošto bi završio svoju samačku večeru. Samo *usamljeni* ljudi nisu uživali u svojim večerama i pranju suđa, i Edvard je smatrao pitanjem časti da sve dok ne bude imao potrebe da ima ljude u svom životu, neće biti usamljen. Život možda nije bio preterano *zabavan*, pazite, ali činilo se da u njemu ima manje ljudi koji bi ga mogli nervirati.

Onda je jednog dana Edvard prestao da briše suđe i popio pivo umesto toga. Čisto da proba. Da se opusti. Uskoro je peršun nestao sa tanjira za večerom a popio bi još jedno pivo. Pravio je sitne izgovore za to. Zaboravio sam koje.

Ubrzo je večera postala usamljeno ubacivanje zamrznute večere u mikrotalasnu rernu, uz zveckanje viskija i leda u visokoj čaši. Jadnom Edvardu je dosadilo da sprema hranu i jede sâm, i uskoro, jeo

---

Bambifikacija: Mentalno pretvaranje živih stvorenja od krvi i mesa u likove iz crtanih filmova koji imaju buržoaske judeo-hrišćanske stavove i moral.

Bolest poljubaca (Hiperkarma): Duboko ukorenjeno verovanje da će kazna na neki način uvek biti mnogo veća od zločina: ozonske rupe zbog smeća.

je za večeru štagod je mogao da strpa u mikrotalasnu rernu iz lokalne bakalnice – burito sa govedinom i pasuljem, na primer, ispran šerijem, koji je počeo da mu se sviđa tokom dugog, pospanog ozbiljnog letnjeg posla u sumornoj i neposećenoj Enver Hodža komunističkoj knjižari.

Pa čak i *tada*, Edvardu je spremanje hrane i jelo postalo suviše mučno, i na kraju mu se večera svela na čašu mleka pomešanog sa kojim god pićem koje je bilo na rasprodaji u lokalnoj prodavnici pića. Počeo je da zaboravlja kako je izgledalo imati čvrste stolice i maštao je da ima dijamante u očima.

Ponovo: jadni Edvard – činilo se da mu život izmiče *kontroli*. Jedne noći, na primer, Edvard je bio na zabavi u Kanadi ali se sledećeg jutra probudio u Sjedinjenim Američkim Državama, dva sata vožnje dalje od tog mesta, a da se nije mogao *setiti* vožnje kući ili prelaska granice.

Evo šta je Edvard mislio: mislio je da je na neki način mnogo pametan. Išao je u školu, i znao je veliki broj reči. Mogao vam je reći da je *veronika* prozirni deo tkanine korišćena da se prekrije Isusovo lice, ili da je *kad* jagnje koje je napustila majka i koje uzgajaju ljudi. Reči, reči, *reči*.

Edvard je zamišljao da koristi te reči kako bi stvorio sopstveni svet – magičnu i privlačnu sobu u kojoj samo on može da živi – sobu proporcija duple kocke, kako je definiše britanski arhitekta Adam. U ovu sobu se moglo ući samo kroz tamno umrljana vrata prekrivena kožom i konjskom dlakom koje su prigušivale kucanje svakoga ko bi pokušao da uđe i možda naruši Edvardovu koncentraciju.

U ovoj sobi je proveo deset beskrajnih godina. Veći deo njenih zidova bio je prekriven policama za knjige od hrastovine, punim knjiga; uramljene mape pokrivale su preostale praznine na zidovima, obojenim u safirnu boju dubokih bazena. Carski plavi orijentalni tepisi prekrivali su čitav pod, prekriveni opalom dlakom boje slonovače Edvardovog vernog španijela, Ludviga, koji je svuda pratio Edvarda. Ludvig bi verno slušao sve Edvardove pikantne poglede na život, što je često činio sedeći za radnim stolom veći deo dana. Za ovim stolom je takođe čitao i pušio lulu, dok je zurio napolje kroz olovne prozore u pejzaž koji je uvek predstavljao kišno jesenje popodne u Škotskoj.

Naravno, posetiocima je bio zabranjen pristup u ovu magičnu sobu, i samo je jedna gospođa Jork mogla da ulazi kako bi mu donosila zalihe – dobronamerna starica sa velikom punđom, ručno izrađena centralnim izborom, koja bi Edvardu donosila dnevne (a šta drugo) zalihe šeri brendija, ili, kako je vreme prolazilo, flašu od litra viskija Džek Denijels i čašu mleka.

Da, Edvard je imao sofisticiranu sobu, ponekad čak *toliko* sofisticiranu da je mogla da postoji isključivo u crno-beloj varijanti, podsećajući na dnevne sobe iz starih komedija. Šta kažete na *tu* eleganciju?

Pa. Šta se desilo?

Jednog dana Edvard je bio na svojim merdevinama za police za knjige i pokušavao da dohvati staru knjigu koju je želeo da ponovo pročita, u pokušaju da skrene sam sebi pažnju, jer je gospođa Jork kasnila sa donošenjem pića toga dana. Ali kada je sišao sa merdevina, stopalom je zgazio posred gomilice Ludvigovih ostataka i *veoma* se naljutio. Otišao je do satenske fotelje iza koje je Ludvig dremao. „Ludvig", povika, „Ti si *nevaljali* pas..."

Ali Edvard nije daleko stigao, jer se iza sofe Ludvig magično i (verujte mi) sasvim neočekivano pretvorio od živahnog umiljatog malog lutka sa kratkim repom, kojim je uvek optimistično mahao, u razjarenog rotvajlera sa crnim desnima koji je skočio Edvardu za vrat, promašivši vratnu venu samo za koji milimetar dok se Edvard zgrčio od užasa. Novi Ludvig-to-jest-Kerber zatim je skočio na Edvardovu potkolenicu sa zapenjenom čeljusti i očajnim urlikom desetine pasa prosutih organa koje su pregazili kamioni na autoputu.

Edvard je epileptično skočio na merdevine i viknuo u pomoć gospođu Jork koju je, baš kako je sudbina namestila, ugledao kroz prozor u tom trenutku. Nosila je plavu periku i bade-mantil, uskačući u mali crveni sportski auto nekog tenisera, napuštajući Edvarda zauvek. Izgledala je sasvim privlačno – dramatično osvetljena pod grubim novim nebom koje je pržilo bez trunke ozona – *svakako* to više nije bilo jesenje nebo nad Škotskom.

Pa.

Jadni Edvard.

Bio je zarobljen u sobi, mogao je samo da ide napred-nazad po policama za knjige na visini svojih merdevina. Život u njegovoj nekada dražesnoj sobi sada je postao izuzetno očajan. Termostat mu nije bio na dohvat ruke i vazduh je postao zagušljiv i smrdljiv, kao u Kalkuti. I naravno, pošto je gospođa Jork otišla, više nije bilo ni koktela koji bi novonastalu situaciju učinili podnošljivom.

U međuvremenu, stonoge i uholaže, koje su dugo spavale iza mračnih vrhova polica za knjige, probudio je Edvard dok je sumorno uzimao knjige i bacao ih na Ludviga u pokušaju da se odbrani od čudovišta – koji je neprestano skakao ka njegovim bledim drhtavim prstima na nogama. A knjige koje je bacao na Ludviga odbijale bi se ležerno o njegova leđa, što je izazivalo rojeve buba da padaju na pod, odakle ih je Ludvig hvatao svojim dugim ružičastim jezikom.

Edvard se našao u istinski pogubnoj situaciji.

Postojao je samo jedan izlaz, naravno, i tako je Edvard, uz razbesnele urlike Ludviga koji je kidisao na njega s druge strane sobe, bez daha otvorio teška hrastova vrata, dok je u ustima osećao metalni ukus od silnog adrenalina koji mu je skočio, i, uzrujan ali tužan, napustio svoju nekadašnju magičnu sobu prvi put posle čitave večnosti, kako se činilo.

Večnost je zapravo trajala oko deset godina, i prizor koji je Edvard ugledao iza tih vrata zaista ga je zapanjio. Za sve vreme dok se on povukao od sveta, samozadovoljan u svojoj malenoj sobi, *ostatak* čovečanstva bio je zauzet pravljenjem nečeg drugog – ogromnog grada, sagrađenog ne od reči već od odnosa. Sijajući, beskrajni Njujork, u obliku ruževa za usta, artiljerijskih zrna, svadbenih torti, i savijenih kartona za košulje; grad sagrađen od gvožđa, papirnih kolaža i karata; ružni/divni svet prekriven na površini ugljenikom, ledenicama i lozom bugenvilije. Bulevari su bili bez šablona, nasumice napravljeni, i luckasti. Svuda su se nalazile nagazne mine i klopke za miševe, trifidi[1] i crne rupe. Pa ipak, uprkos strašnom ludilu ovog grada, Edvard je primetio da se mnoštvo njegovih stanovnika kreće sa lakoćom, nije ih doticalo to što su se iza svakog ugla mogli kriti klovn sa pitom spremnom da im je baci u lice, pri-

---

[1] *Orig.* Triffids. Veoma otrovna izmišljena biljka, dobila ime po glavnom negativcu iz romana *Dan Trifida* (*Day of the Triffids*) Džona Vindama (*John Wyndham*) iz 1951. (*Prim. prev.*)

Spektakularizam: Opčinjenost ekstremnim situacijama.

padnik Crvenih brigada koji će im pucati u kolena, ili dražesna filmska zvezda Sofija Loren spremna da ih poljubi. A bilo je nemoguće orijentisati se. Ali kada je pitao jednog od stanovnika gde bi mogao da kupi mapu, ovaj je pogledao Edvarda kao da je poludeo, i pobegao vrišteći.

Tako je Edvard morao da prihvati da je selja u ovom Velikom gradu. Shvatio je da mora da nauči sve ispočetka sa desetogodišnjim hendikepom, i ta pomisao bila je obeshrabrujuća. Ali onda, baš kao što se selje obavežu da će uspeti u nekom novom gradu jer znaju da imaju prednost počinjanja iz početka, tako se zakleo i Edvard.

I obećao je da kada jednom uspe u ovom svetu (a da ga ne sprže na smrt brojne fontane gorućeg parfema ili osakate bezbrojni kamioni ljutitih kokodačućih pilića iz crtaća koje su vozili ulicama grada) izgradiće najvišu kulu koja je ikad postojala. Ova srebrna kula će stajati kao svetionik svim putnicima koji su, poput njega, stigli u grad kasno u životu. A na samom vrhu kule nalaziće se otvoreni salon. Edvard je znao da će raditi tri stvari u tom salonu: služiće koktele sa sokom od paradajza kriščicama limuna, sviraće džez na klaviru prekrivenom prekrivačem od cinka i fotografijama zaboravljenih pop zvezda, i imaće mali ružičasti kiosk, malo dalje, blizu toaleta, koji bi prodavao (između ostalog) mape.

UĐITE U HIPERPROSTOR

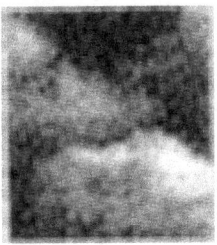

„Endi." Dag me je gurkao masnom pilećom kosti, vrativši me u sadašnjost i na naš piknik. „Zašto si tako ćutljiv? Na tebe je red da pričaš priču, i učini mi uslugu, mali – daj mi dozu priče o slavnima." ¶„Zabavi nas, dragi", dodaje Kler. „*Tako* si mrzovoljan." ¶Torpor[1] određuje moje raspoloženje dok sedim na razbijenom, rasutom, leproznom i nikad korišćenom makadamu na uglu avenija Kotonvud i Safir, razmišljajući o svojim pričama i mrveći prstima mirisne grančice žalfije. „Pa, moj brat, Tajler, jednom se vozio liftom sa Dejvidom Bouvijem." ¶„Koliko spratova?" ¶„Ne znam. Jedino se sećam da Tajler nije imao predstave šta da mu kaže. Pa nije rekao ništa." ¶„Otkrila sam", kaže Kler, „da u slučaju da nemate ni o čemu da razgovarate sa slavnima, uvek im možete reći ‚O, gospodine Slavni! Imam *sve* Vaše albume' – čak i kada nije u pitanju muzičar."

---

[1] Stanje regulisane hipotermije kod endotermnih organizama (npr. kolibri, slepi miševi, itd.). Tokom većeg dela dana njihova tela imaju normalnu temperaturu i oni su sasvim aktivni; međutim, jedan deo dana (najčešće noću), temperatura tela im pada i postaju potpuno neaktivni, kako bi sačuvali energiju. (*Prim. prev.*)

¶„Pogledajte—" kaže Dag, okrenuvši glavu, „neki ljudi zaista *dolaze* čak ovamo." ¶Crni bjuik pun mladih japanskih turista – retkost u dolini koju uglavnom posećuju Kanađani i zapadni Nemci – kotrljao se niz brdo, prvo vozilo koje smo videli otkad smo započeli naš piknik. ¶„Verovatno su greškom skrenuli u Verbenija uliću kod rampe. Mogao bih se kladiti da traže dinosauruse od cementa tamo kod Kabazon kamionske postaje", kaže Dag.

„Endi, ti govoriš japanski. Idi razgovaraj sa njima", kaže Kler.

„Da nije malo preuranjeno. Neka sami stanu i zatraže pomoć", što su, naravno, oni istog trenutka i učinili. Ustadoh da pričam s njima kroz prozor koji su već spustili. U kolima su se nalazila dva para, otprilike mojih godina, besprekorno obučeni u letnju zabavnu odeću (moglo bi se čak reći sterilno, kao da su ulazili u biohazardnu zonu), osmehujući se rezervisano molim-vas-nemojte-me-ubiti osmesima koje su japanski turisti počeli da koriste u Severnoj Americi od pre nekoliko godina. Njihovi izrazi su me nagnali da odmah zauzmem odbrambeni stav, *njihova* pretpostavka da sam *ja* nasilan me je razljutila. A samo Bog zna šta su pomislili kad su vi-

---

Teorija manjeg: Filosofija u okviru koje se mirite sa smanjenjim očekivanjima materijalnog bogatstva: *„Odustao sam od želje da se obogatim ili budem veliki badža. Samo želim da budem srećan i možda otvorim drumsku kafanu u Ajdahu."*

Zamena statusa: Koristiti predmet sa intelektualnom ili modernom oznakom kao zamenu za predmet koji je samo skup: *„Brajane, ostavio si Kamijevu knjigu u be- -em-ve-u svog brata."*

deli naš raznoliki kvintet i oklahomski prevoz prekriven ostacima hrane na rasparenim tanjirima. Reklama za džins iz stvarnog života.

Govorim engleski (zašto da im upropastim fantaziju o pustinjskim SAD?) i u razgovoru koji je usledio kao mešavina lošeg engleskog i ručnih znakova, otkrio sam da su Japanci *stvarno* krenuli da vide dinosauruse. I ubrzo, pošto sam im dao uputstva, nestadoše u oblaku dima i smeća pored puta, ali ne pre nego što smo ugledali fotoaparat kako se pojavljuje kroz prozor zadnjeg sedišta. Aparat je bio okrenut unazad jednom rukom dok je druga škljocnula i snimila našu sliku, na šta je Dag viknuo, „Pogledajte! Fotoaparat! Uvucite obraze, brzo. Da nam jagodične kosti dođu do izražaja!" Tada, kada je auto već nestao sa vidika, Dag me onda napadnu: „A zašto si, ako mogu da znam, izigravao seljobera?"

„*Endru*. Tvoj japanski je božanstven", dodaje Kler. „Mogao si ih tako oduševiti."

„Nije bio trenutak za to", odgovorih, sećajući se koliko mi je smetalo kada bi ljudi pokušali da sa mnom razgovaraju na engleskom dok sam živeo u Japanu. „Ali me je podsetilo na priču za laku noć koju želim danas da ispričam."

„Hajde, molim te."

I tako, dok su se moji prijatelji, sve sijajući od kakao butera, zavalili i upijali sunčevu vrelinu, ja pričam priču:

„Pre nekoliko godina radio sam u redakciji jednog tinejdžerskog časopisa u Japanu – kao deo mog jednosemestralnog programa studentske razmene – kada mi se nešto čudno desilo jednog dana."

„Čekaj", prekinu me Dag. „Je l' ovo istinita priča?"
„Da."
„Okej."

„Bilo je to jednog petka ujutro i ja sam, kao vredan stranac, foto istraživač, razgovarao telefonom sa Londonom. Imao sam rok da nađem neke fotografije ljudi iz grupe Dipeš Mod koji su bili na nekoj kućnoj žurci tamo – užasan eurogovor bio je na drugoj strani žice. Nabio sam slušalicu u jedno uvo a drugo prekrio rukom kako bih utulio buku iz kancelarije, pomahnitalu lepezu Zigi Stardast kolega od kojih su svi bili hiperaktivni od tokijske kafe od deset dolara iz kafeterije preko puta naše zgrade.

Sećam se šta mi je prolazilo kroz glavu, a to nije imalo veze sa poslom – razmišljao sam o tome kako svi gradovi imaju karakteristične mirise. Na taj zaključak me je naveo ulični miris Tokija – mešavina čorbe od *udon* knedli i blagog mirisa kanalizacije; čokolade i izduvnih gasova. A pomislio sam i na miris Milana – mešavinu cimeta, dizela i ruža – i Vankuvera sa kineskom pečenom svinjetinom, slanom vodom i kedrovinom. Osećao sam nostalgiju za Portlandom, pokušavajući da se setim mirisa njegovog drveća, rđe i mahovine, kada se buka u kancelariji počela osetno smanjivati.

Sitan starac u crnom Balmenovom[1] odelu ušao je u prostoriju. Koža mu je bila izborana kao u sasušene jabuke, ali je bila tamna, boje treseta, i sjajna kao stara rukavica za bejzbol ili Čovek iz Tolunda u Danskoj.[2] A nosio je bejzbol kačket i razgovarao sa mojim pretpostavljenima.

Gospođica Ueno, super zgodna koordinatorka za modu koja je sedela za stolom do mog (frizura

---

[1] *Orig.* Pierre Balmain, francuski modni kreator. (*Prim. prev.*)
[2] Čovek iz Tolunda je savršeno sačuvano telo čoveka koji je živeo u IV veku p.n.e. u Skandinaviji. Pošto je bio sahranjen u tresetu, njegovo telo, a naročito njegovo lice, ostali su u odličnom stanju posle toliko vekova. (*Prim. prev.*)

kao Popajeva Oliva; majica venecijanskih gondolijera; haremske pantalone i Viva Las Vegas čizme), uznemirila se poput malog deteta kada ugleda pijanog ujaka nalik medvedu na ulaznim vratima neke snežne zimske noći. Pitao sam gospođicu Ueno ko je taj čovek i ona mi odgovori da je to gospodin Takamiči, generalni direktor, veliki budža firme, amerikanofil poznat po hvalisanju o svojim uspesima u pariskim bordelima i prolasku kroz tasmanijska lovišta sa po jednom plavušom ispod svake ruke.

Gospođica Ueno je izgleda stvarno bila pod stresom. Pitao sam je zašto. Rekla je da nije pod stresom već da je ljuta. Bila je ljuta zbog toga što, bez obzira koliko ona naporno radila, bila je manje-više zarobljena za svojim malim stolom zauvek – natrpano mnoštvo stolova bilo je japanski ekvivalent tovnog tora. ‚Ali ne samo zato što sam žena‘, reče, ‚već i zato što sam Japanka. *Uglavnom* zato što sam Japanka. Imam ambicije. U bilo kojoj drugoj zemlji ja bih napredovala, ali ovde samo cupkam u mestu. Ubijam svoju ambiciju.‘ Rekla je da je pojavljivanje gospodina Takamičija nekako jednostavno istaklo njenu situaciju. Beznadežnost.

U tom je trenutku gospodin Takamiči krenuo ka mom stolu. Jednostavno sam znao da će se ovo dogoditi. Bilo je stvarno neugodno. U Japanu imate fobije od toga da vas izdvoje iz gomile. To je otprilike nešto najgore što može da vam se desi.

‚Vi mora da ste Endru‘, reče, i rukova se sa mnom poput prodavca Fordovih automobila. ‚Pođite gore sa mnom. Popićemo nešto. Popričaćemo‘, reče, i mogao sam osetiti kako se gospođica Ueno trese od jeda pored mene. Tako sam i nju predstavio, ali je odgovor gospodina Takamičija bio dobroćudan. Roktanje. Jadni Japanci. Jadna gospođica

Ueno. Bila je u pravu – tako su zarobljeni ma gde da su – zamrznuti na toj odvratnoj dosadnoj lestvici.

I dok smo hodali ka liftu, mogao sam da osetim kako me svi u kancelariji ljubomorno posmatraju. Bila je to tako loša scena i mogao sam samo da zamislim kako svi misle ‚šta on zamišlja, ko je on?' Osećao sam se nepošteno. Kao da sam igrao na kartu toga što sam stranac. Osećao sam da sam izopšten iz *šin jin rui*-a – tako japanske novine zovu ljude poput onih dvadesetogodišnjih klinaca na poslu – *nova ljudska bića*. Teško je to objasniti. Mi ovde imamo istu takvu grupu, isto tako brojnu, ali ona nema ime – generacija X – koja se krije namerno. Ovde ima više prostora pa je lakše sakriti se – izgubiti se – kamuflirati se. U Japanu vam nije dozvoljeno da nestanete.

Ali skrećem s teme.

Popeli smo se gore liftom na sprat za koji je bio potreban poseban ključ, i gospodin Takamiči je na neki način bio teatralan sve vreme dok smo se peli, kao strip verzija Amerikanca, znate, pričajući o američkom fudbalu i tome slično. Ali kada smo stigli na vrh, postao je opet pravi Japanac – sasvim ćutljiv. Isključio se iznenada – kao da sam pritisnuo prekidač. Počeo sam ozbiljno da se brinem da ću morati da istrpim tri sata razgovora o vremenu.

Išli smo kroz hodnik prekriven gustim tepihom, u mrtvoj tišini, pored malih impresionističkih slika i buketića cveća složenih u vazama u viktorijanskom stilu. Ovo je bio zapadnjački deo njegovog sprata. A na njegovom kraju, došli smo do japanskog dela. Izgledalo je kao da ulazite u hiperprostor, u kom trenutku je gospodin Takamiči pokazao na tamnoplavi bade-mantil koji je želeo da obučem, što sam i učinio.

Unutar centralne japanske sobe u koju smo ušli nalazilo se *toko no ma* svetilište sa hrizantemama, svitak, i zlatna lepeza. A u sredini sobe nalazio se nizak crni sto okružen narandžastim jastučićima. Na stolu su se nalazila dva šarana od oniksa i pribor za čaj.

Jedini predmet u sobi koji je odudarao iz okruženja bio je mali sef postavljen u uglu sobe – čak ne ni dobar sef, da vam kažem, već jeftin model kakav biste mogli očekivati da nađete u kancelariji prodavnice cipela u Linkolnu, Nebraska, odmah posle Drugog svetskog rata – zaista jeftinog izgleda i u nepriličnom kontrastu sa ostatkom sobe.

Gospodin Takamiči mi je rekao da sednem za sto, gde smo zatim seli i bili posluženi zasoljenim zelenim japanskim čajem.

Naravno, pitao sam se koji mu je skriveni motiv za to što me je pozvao u svoju kancelariju. Govorio je ljubazno... kako mi se sviđa posao?... šta mislim o Japanu?... pričao o svojoj deci. Lepe dosadne stvari. I ispričao je nešto o vremenu koje je proveo u Njujorku pedesetih godina prošlog veka radeći kao dopisnik za *Asahi* novine... o tome kako je upoznao Dajenu Riland, Trumana Kapota i Džudi Holidej. I posle nekih pola sata, prešli smo na vrući sake, koji nam je doneo, pošto je gospodin Takamiči pljesnuo rukama, sićušan sluga u otrcanom braon kimonu, boje papirnih kesa iz šoping centara.

A onda, pošto je sluga otišao, nastupila je pauza. I tada me je pitao *šta* smatram svojom najvrednijom imovinom.

Pa. Najvrednija *stvar* koju posedujem. Probaj da objasniš koncept studentskog minimalizma osamdesetogodišnjem japanskom izdavačkom magnatu. Nije lako. Koju bi stvar mogao da poseduješ a da ima ikakvu vrednost? Mislim *stvarno*. Slupanu folksvagen bubu? Muzički uređaj? Pre bih umro nego priznao da je najvrednija stvar koju posedujem kolekcija ploča sa dans miksom nemačke industrijske muzike koju čuvam, što je još veći blam, ispod kutije rasparenih novogodišnjih ukrasa u podrumu kuće mojih roditelja u Portlandu, Oregon. Tako da rekoh, sasvim iskreno (i, sinulo mi je, krajnje *osvežavajuće*), da nisam posedovao *ništa* vredno.

On je zatim prešaltao razgovor na to kako je potrebno da bogatstvo bude prenosivo, pretvarano u slike, dragulje, dragocene metale i tako dalje (on je preživeo ratove, depresije, tako da je znao o čemu priča), ali izgleda da sam pritisnuo neko pravo dugme, rekao pravu stvar – prošao test – i glas mu je zvučao zadovoljno. Zatim, možda deset minuta kasnije, ponovo je pljesnuo rukama, i sićušni sluga u bešumnom braon kimonu se ponovo pojavio i dobio naređenje. Na to je sluga otišao do ćoška i dovukao jeftin mali sef preko poda prekrivenog tatami oblogama do mesta gde je gospodin Takamiči sedeo prekrštenih nogu na jastucima.

Zatim, izgledajući neodlučno ali opušteno, okrenuo je kombinaciju za otvaranje sefa. Čuo se klik, povukao je ručku, i vrata su se otvorila, otkrivajući *nešto* što nisam mogao da vidim.

Posegnuo je unutra i izvukao, kako sam mogao iz daljine razaznati, fotografiju – crno-belu fotografiju iz pedesetih godina prošlog veka, nalik snimcima koje prave na mestu zločina. Pogledao je tajanstvenu sliku i udahnuo. Zatim, okrenuvši je i pruživši je ka meni uz kratak izdisaj koji je značio ‚ovo je najvrednija stvar koju posedujem', dao mi je fotografiju, a ja sam, priznajem, bio šokiran onim što sam na njoj video.

Bila je to fotografija Merilin Monro kako ulazi u taksi, podigavši haljinu, bez donjeg veša, i šalje poljubac fotografu, gospodinu Takamičiju dok je radio kao dopisnik, pretpostavljam. Bila je to otvoreno seksualna fotografija (ne razbijajte glavu – crna kao as pik, ako baš morate da znate) i veoma izazovna. Gledajući je, rekoh gospodinu Takamičiju, koji je bezizražajno čekao moju reakciju, ‚Opa‘, ili neku sličnu glupost, ali u sebi sam bio zapravo užasnut zbog pomisli da je ova slika, u suštini jedna obična paparaco-fotografija, pri tome neobjavljiva, bila najvrednija stvar koju je posedovao.

A zatim je usledila reakcija koju nisam mogao da kontrolišem. Krv mi je ljuljnula u uši, i srce je počelo da mi lupa; oblio me znoj i reči pesnika Rilkea došle su mi u pamet – njegova ideja da smo svi rođeni sa pismom unutar nas, i da će nam, samo ako budemo iskreni prema sebi, biti omogućeno da ga pred smrt pročitamo. Goruća krv koju sam osećao u ušima govorila mi je da je gospodin Takamiči nekako greškom zamenio fotografiju Merilin Monro iz sefa za pismo unutar sebe, i da sam i ja sam u opasnosti da načinim sličnu grešku.

Smejao sam se dovoljno pristojno, nadam se, ali uzeo sam pantalone i smišljao izgovore, proste, bilo kakve izgovore, dok sam trčao kao liftu, zakopčavajući košulju i klanjajući se čitavim putem dok se gospodin Takamiči zbunjeno gegao pored mene ispuštajuće staračke zvuke. Možda je mislio da će me pogled na ovu fotografiju uzbuditi, da ću mu uputiti komplimente, ili čak da će me ona *napaliti*, ali mislim da nije očekivao prostakluk. Jadničak.

Ali šta je bilo bilo je. Nema stida kod impulsa. Šumno dišući, kao da sam upravo rasturio neku kuću, pobegao sam iz zgrade, a da nisam ni pokupio svoje stvari – baš kao i ti, Dag – i te noći sam se spakovao. U avionu sutradan, setio sam se još Rilkeovih reči:

Jedino je pojedinac koji je sâm nalik stvari podložnoj produbljenim zakonima, i ako izađe u jutro koje je samo početak, ili posmatra veče puno dešavanja, i ako oseća šta se tamo dešava, onda se čitava njegova situacija odvaja od njega kao od mrtvaca, iako se nalazi usred života.

Dva dana kasnije bio sam ponovo u Oregonu, ponovo u Novom svetu, udišući manje naseljeni vazduh, ali čak sam i tada znao da je tamo bilo previše istorije za mene. Da mi je u životu bilo potrebno *manje*. Manje prošlosti.

Tako sam došao ovamo, da bih udisao prašinu i šetao sa psima – da posmatram stenu ili kaktus znajući da sam prva osoba koja posmatra taj kaktus i tu stenu. I da pokušam i pročitam pismo unutar sebe."

31. DECEMBAR 1999.

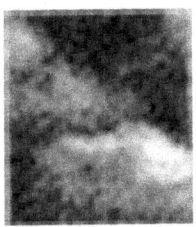

Samo da se zna, kao što je bio slučaj i sa mnom, ni Dag i Kler se nikad nisu zaljubili jedno u drugo. Pretpostavljam da bi to bilo isuviše lako. Umesto toga, i oni su postali ortaci, i moram da kažem, ako ništa drugo, to što smo sve troje samo prijatelji *zaista* pojednostavljuje život. ¶Jednog vikenda pre oko osam meseci sjatili su se brojni Beksteri iz Los Anđelesa, obučeni u neonske boje, japanke, džepove i rasferšlujse – izgledali su kao video nekog tinejdžerskog rok benda – kako bi ispitivali Daga i mene oko našeg odnosa sa Kler. Sećam se kako mi je njen brat Alan, jedan od onih tipova što su bili u bratstvima na koledžu, pričao u mojoj kuhinji, dok su Kler i ostali sedeli pored kamina u mojoj dnevnoj sobi, da u tom istom trenutku drugi Bekster brat u Klerinom bungalovu pregleda posteljinu u potrazi za stranim dlakama. Kako su oni bili grozna, čistunska porodica, koji su stalno zabadali nos u stvari jedni drugih uprkos svoj svojoj modernosti, i ne čudi me što je Kler htela da se drži što dalje od njih. „Ma daj, usedelice", zahtevao je Alan, „momci jednostavno ne mogu biti samo prijatelji sa devojkama." ¶Pominjem ovo samo zato što želim da istaknem da, dok sam ja pričao svoju japansku priču, Kler je masirala Dagov vrat, na potpuno platonski način. A na kraju moje priče, Kler je pljesnula rukama, rekla Dagu da je red na njega da ispriča priču, a zatim došla i sela ispred mene, tražeći da joj masiram vrat – što je bilo isto tako platonski. Jednostavno.

„Pričaću priču o smaku sveta", kaže Dag, ispijajući ostatak ledenog čaja, u kome su se kockice leda odavno istopile. Zatim je skinuo košulju, otkrivajući pomalo koščate grudi, upalio još jednu cigaretu sa filterom, i pročistio grlo nervozno.

Smak sveta je česta tema u Dagovim pričama za laku noć, eshatološkim pričama vi-ste-usred-radnje o tome kako izgleda biti Bombardovan, dražesno detaljnim, i pričanim bezličnim glasom. I tako, bez nekog većeg uvoda, on počinje:

„Zamislite da stojite u redu u supermarketu, recimo, Vonovom supermarketu na uglu Sanset i Takic ulica – ali u teoriji to može biti bilo koji supermarket na svetu – i jednostavno ste lošeg raspoloženja jer ste se vozeći se do supermarketa posvađali sa najboljim prijateljem. Rasprava je počela oko saobraćajnog zna-

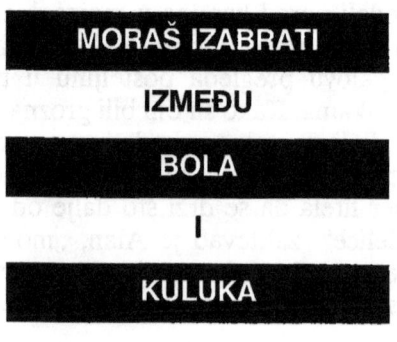

ka na kome je pisalo Jelen sledeća 3 kilometra, što ste vi prokomentarisali sa: ‚*Ma nemoj*, očekuju da im poverujemo da je uopšte ostao neki živi jelen?' od čega se vaš najbolji prijatelj, koji je sedeo na suvozačevom mestu i pregledao kasete u kutiji, naježio od jeda. I osetili ste da ste rekli nešto što ga je izneriralo i to vas zabavlja, tako da nastavljate: ‚Kad smo već kod toga', kažete, ‚više ne vidimo ni toliko *ptica* kao ranije, zar ne? *I*, znaš šta sam čuo pre neki dan? Da na Karibima više uopšte nema školjki jer su ih turisti sve pokupili. *I*, zar se nikad nisi zapitao dok si leteo nazad iz Evrope, desetak kilometara iznad Grenlanda, da postoji nešto, ne znam – uvrnuto – u vezi sa kupovinom fotoaparata, selotejpa i cigareta gore u kosmosu?'

Vaš prijatelj je u tom trenutku eksplodirao, nazvao vas pravim bezveznjakom i rekao, ‚Zašto si tako prokleto negativan sve vreme? Moraš li u svačemu da vidiš nešto depresivno?'

Na šta vi odgovorate, ‚Negativan? *Moi?* Mislim da je reč koju tražiš *realan*. Je l' hoćeš da mi kažeš da možemo da se vozimo od Los Anđelesa čak ovamo i prođemo pored možda desetina hiljada kvadratnih kilometara šoping centara, a da se u tebi ne javlja ni *najmanja* sumnja da je nešto, negde, krenulo *veoma veoma* loše?'

Opsednutost opstankom: Tendencija da se čovek zamišlja kako uživa u činjenici da je poslednji preostali čovek na Zemlji. *„Uzleteo bih helikopterom i bacao mikrotalasne rerne na Tako Bel".*[1]

Platonska senka: Prijateljstvo bez seksa sa predstavnikom suprotnog pola.

---

[1] Lanac restorana brze hrane u SAD. (*Prim. prev.*)

Čitava rasprava ne vodi ničemu, naravno. Uvek je tako sa takvim raspravama, i može vam se desiti da budete optuženi da ste nemoderno negativni. Krajnji rezultat je taj da vi stojite sami u supermarketu u redu na kasi broj tri sa belim slezom i ugljem za roštilj za to veče, dok vam se stomak grči od popizditisa, dok vaš najbolji prijatelj sedi u kolima, naglašeno vas izbegavajući i mrzovoljno slušajući zabavnu muziku sa kratkotalasne radio stanice koja pušta muziku za klizalište niže u dolini od Katidral Sitija.

Ali delić vas je takođe fasciniran sadržajem kolica čoveka koji bi se po svim standardima smatrao gojaznim, koji stoji u redu ispred vas.

Bože, ima po jedan primerak svega živog u njima! Plastične pakete dijetalnih kola, kolače s ukusom tofua za pripremanje u mikrotalasnoj rerni, sve zajedno sa limom za pečenje (gotovo za deset minuta; deset miliona godina u opštinskoj septičkoj jami okruga Riversajd), i čitave litre flaširanog sosa za špagete... pa njegova čitava porodica mora da ima proliv zbog ovakve ishrane, i čekaj, je l' on to ima *gušu* na vratu? ,Bože, mleko je *tako* jeftino ovih dana', kažete naglas, primetivši cenu na jednoj od njegovih boca. Osećate sladak miris trešnji sa polica sa žvakama, nepročitanih časopisa, jeftinih i privlačnih.

Ali odjednom nestaje struja.

Svetla jače zasijaju, vrate se u normalu, zatim oslabe, i potpuno nestanu. Zatim je nestala muzika sa razglasa, posle čega je usledila graja slična onoj u

---

Mentalna nulta zona: Lokacija na kojoj neko zamišlja da će se naći tokom bacanja atomske bombe; često, šoping centar.

bioskopu kada se film iznenada prekine. Ljudi su već pohitali ka polici sa svećama.

Pored izlaza, starija mušterija besno pokušava da gurne kolica kroz elektronska vrata koja se ne otvaraju. Jedan od zaposlenih pokušava da objasni da je nestala struja. Vidite svog najboljeg prijatelja kako ulazi u radnju kroz druga vrata, poduprta kolicima. ‚Radio je utihnuo‘, najavljuje vaš prijatelj, ‚i pogledaj –‘ kroz prednje izloge vide se oblaci dima koji idu iz pravca marinske baze Tventinajn Palms, ‚– u pitanju je nešto veliko.‘

I tada se začuju sirene, najgori mogući zvuk na svetu, i zvuk koga ste se užasavali čitavog života. Dešava se: muzika iz pakla – cvileća, treperava, nestvarna – uništavajući i unoseći zabunu u vreme i prostor kao bivši pušač kada uništava vreme i mesto noću kada sanja s užasom da ponovo puši. Ali ovde se bivši pušač budi i ugleda upaljenu cigaretu u ruci i njegov užas je kompletan.

Čuje se menadžer prodavnice preko megafona kako moli da se raziđemo mirno, ali niko ne obraća puno pažnje na njega. Ostavljajući kolica ko gde stigne, ljudi beže noseći i ispuštajući ukradene komade govedine i flaše Evijan vode na pločnik ispred supermarketa. Parking sada izgleda civilizovano u istoj meri u kojoj izgledaju automobilčići za sudaranje u nekom zabavnom parku.

Ali debeljko se ne mrda, kao i kasirka, sitna plavuša, krivog nosa i providno bele kože. Oni, vaš najbolji prijatelj i vi ostajete sleđeni, ne progovarajući ni reči i vaši mozgovi postaju svetlost u pozadini NORADove[1] svetske mape mitologije – kakav kli-

---

[1] NORAD (North American Aerospace Defense Command) – Komanda za odbranu vazdušnog prostora Severne Amerike. (*Prim. prev.*)

še! A na njoj su ucrtane staze vatrenih lopti, koje krišom ali neumoljivo prolaze iznad Bafin ostrva, Aleutskih ostrva, Labradora, Azorskih ostrva, ostrva Superior, ostrva Kvin Šarlot, Puže moreuza, Mejna... sada je već pitanje *tren*utka, zar ne?

‚Davno sam sebi obećao', reče debeljko, glasom tako normalnim da bi izazvao nas troje da se prenemo iz sopstvenih misli, ‚da se, kada ovaj trenutak dođe, držim dostojanstveno u vremenu koje mi preostaje, ma koliko ono trajalo, pa tako, gospođice –' reče, posebno se okrenuvši ka kasirki, ‚dajte da platim ovu robu.' Kasirka, u odsustvu drugih mogućnosti, prihvati novac.

Zatim je nastupio Bljesak.

‚Svi dole', vičete, ali oni nastavljaju transakciju, poput jelena kojeg su zaslepeli farovi automobila. ‚Nema se vremena!' Ali niko ne obraća pažnju na vaše upozorenje.

I tako, *tren* pre nego što prednji izlozi postanu sažvakani listovi koji su se pretvorili u tečnost – poput površine bazena tokom dubokog ronjenja, gledane sa dna –

– I *tren* pre nego što vas pogodi kiša žvaka i časopisa –

– I *tren* pre nego što je debeljko poleteo, i ostao da visi u vazduhu a zatim gori kao baklja dok se istopljena tavanica diže i curi nagore –

Tren pre svega ovoga, vaš najbolji prijatelj krivi vrat, tetura se ka vama i ljubi vas u usta, nakon čega vam kaže, ‚Eto. Oduvek sam hteo to da uradim.'

I to je to. U mirnom naletu vrelog vetra, nalik otvaranju triliona rerni koji ste zamišljali od svoje šeste godine, sve je gotovo: malo strašno, malo seksi, i prožeto žaljenjem. Dosta nalik životu, zar ne?"

DRUGI DEO

I NOVI ZELAND ĆE POPITI NUKLEARNU BOMBU

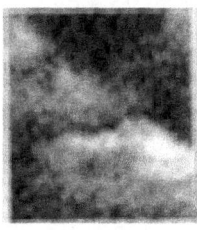

Dag je nestao pre pet dana – dan posle našeg piknika. Osim toga, nedelja je bila sasvim normalna, Kler i ja smo dirinčili na našim Poslićima – ja radeći za barom kod Lerija i održavajući bungalove (dobijam umanjenu kiriju kao protivuslugu za manje posliće oko njih) a Kler uvaljujući torbe od pet hiljada dolara raznim starkeljama. ¶Naravno da smo se pitali kuda je Dag otišao, ali nismo se previše brinuli. Očigledno je samo odagovao negde, moguće je prešao granicu u Meksiko i otišao da piše herojske deseterce među kaktusima, ili je možda u Los Anđelesu, na nekom kursu o CAD sistemima[1] ili snima crno-beli film super-osmicom. Kratki kreativni ispadi koji mu omogućuju da izdrži dosadu pravog posla. ¶I to je u redu. ¶Ali voleo bih da nas je unapred upozorio tako da ne moram da se ubijem u baru pokrivajući i njegove smene. On zna da mu gospodin Mekartur, vlasnik bara i naš gazda, uvek gleda kroz prste. Smisliće neki vic na brzinu, i zaboraviće se i da je bio odsutan. Kao prošli put: ¶"Neće se ponoviti, gospodine M. Nego, znate li koliko je lezbejki po-

---

[1] CAD – Computer-aided Design. Kompjuterski program za dizajniranje koji koriste inženjeri i arhitekte. (*Prim. prev.*)

trebno da zavrnu sijalicu?" ¶Gospodin Mekartur se štrecnu. „Dagmare, pssst! Za ime Boga, ne nervirajte mušterije!" Nekih večeri u nedelji kod Lerija se mogu okupiti i oni koji vole da se gađaju stolicama. Barske tučnjave, iako šarolike, samo uvećavaju premije osiguranja koje plaća gospodin M. Ne da sam ikad prisustvovao tuči kod Lerija. Gospodin M je samo paranoičan.

„Tri – jedna da završe sijalicu, a dve da snime dokumentarac o tome."

Izveštačen smeh; mislim da nije shvatio. „Dagmare, veoma ste duhoviti, ali molim Vas, ne uznemiravajte dame."

„Ali, gospodine Mekartur", reče Dag, ponavljajući svoju otrcanu frazu, „ja sam i sâm lezbejka. Samo sam zarobljena u telu muškarca."

Ovo je, naravno, previše za gospodina M, koji je iz neke druge ere, dete depresije i vlasnik pozamašne zbirke kutija za šibice iz Vaikikija, Boka Ratona, i sa Getvik aerodroma; gospodina Mekartura koji, zajedno sa ženom, iseca kupone, kupuje na veliko, i ne shvata koncept vlažnih vrelih peškirića koje daju pre obroka u avionima tokom leta. Dag je jednom pokušao da objasni „koncept peškirića" gospodinu M: „Još jedna caka koju je smislilo marketinško odeljenje, znate – da pioni obrišu mastilo od krimića i ljubića pre nego što zarone u klopu. *Très* napadno. Oduševljava seljačine." Ali Dag je, uprkos svim naporima, mogao to isto pričati i mački. Generacija naših roditelja izgleda da nije ni sposobna ni zainteresovana da shvati kako ih marketing majstori iskorišćavaju. Uzimaju šoping zdravo za gotovo.

Ali život ide dalje.

Gde si, Dag?

Dag je pronađen! Nalazi se u Skotiz Džankšn, Nevada, istočno od pustinje Mohavi (od svih mogućih mesta). Telefonirao je: „Svidelo bi ti se ovde, Endi. Skotiz Džankšn je mesto gde su dolazili naučnici koji su izmislili atomsku bombu, ludi od bola zbog svog izuma, i napijali se u salonu Fordovih vozila, u kojima bi se zatim slupali i izgoreli u gudurama; posle toga, došle bi male pustinjske životinje i pojele ih. Tako ukusno. Tako *biblijski*. *Volim* pustinjsku pravdu."

„Ti, bezveznjaku. Radim već danima duple smene zato što si ti bez najave otišao."

„Morao sam da odem, Endi. Izvini ako sam te ostavio u škripcu."

„Dag, kog *đavola* tražiš u Nevadi?"

„Ne bi razumeo."

„Probaj."

„Ne znam..."

„Onda to pretvori u *priču*. Odakle zoveš?"

„Sa govornice iz jednog ekspres restorana. Koristim broj kartice za pozive gospodina M. Neće se ljutiti."

„Stvarno zloupotrebljavaš njegovu dobrotu, Dag. Ne možeš da računaš uvek na svoj šarm."

„Je li ovo telefonsko predavanje? I hoćeš li da čuješ moju priču ili ne?"

Naravno da hoću. „Okej.Ućutaću, onda. Pričaj."

Čujem zvonjavu benzinske pumpe u pozadini, zajedno sa škripavim vetrom, koji se i unutra čuje. Neprivlačna napuštenost Nevade već me čini usam-

---

Kult samoće: Potreba za autonomijom po svaku cenu, obično na štetu dugoročnih veza. Često izazvan prevelikim očekivanjima od drugih ljudi.

ljenim; podižem kragnu košulje kako bih se otresao drhtavice.

Dagova drumska kafana nesumnjivo miriše na ustajali barski tepih. Ružni ljudi sa jedanaest prstiju igraju se na poker mašinama ugrađenim u bar kafane, i jedu masne mesne prerađevine bogato začinjene veselo obojenim dodacima. Provejava hladna, vlažna izmaglica, koja miriše na jeftino sredstvo za čišćenje poda, pse mešance, cigarete, pire-krompir i neuspeh. I gosti zure u Daga, posmatrajući ga kako se izobličuje i romantično umire u telefon sa tragičnim pričama i verovatno se pitaju dok gledaju njegovu prljavu belu košulju, iskrivljenu kravatu i nervoznu cigaretu, hoće li potera robusnih, čisto obučenih Mormona upasti na vrata svakog trena, uhvatiti ga dugim belim lasom, i odvesti ga nazad u Jutu.

„Evo priče, Endi, i pokušaću brzo da pričam: jednom davno živeo je mladić u Palm Springsu i gledao svoja posla. Zvaćemo ga Otis. Otis se doselio u Plam Springs jer je proučavao meteorološke mape i znao je da tamo ima smešno malo padavina. Tako je znao da ako grad Los Anđeles koji je ležao s druge strane planine ikad doživi nuklearni napad, struje vetrova bi skoro u potpunosti sprečile da radioaktivna kiša dospe u njegova pluća. Palm Springs je bio njegov lični Novi Zeland; utočište. Kao i iznenađujuće veliki broj ljudi, Otis je dosta razmišljao o Novom Zelandu i Bombi.

Schadenfreude[1] **slavnih:** Grozno uzbuđenje od priča o smrti slavnih ličnosti.

---

[1] *Nemački*: radovanje zbog nesreće drugih. (*Prim. prev.*)

Jednog dana je Otis poštom dobio razglednicu od starog prijatelja koji je tada živeo u Nju Meksiku, na dva dana vožnje od Palm Springsa. A ono što je Otisu bilo zanimljivo u vezi s tom razglednicom bila je fotografija na njoj – slika iz 1960-ih jedne dnevne nuklearne probe u pustinji, snimljena iz aviona.

Razglednica je navela Otisa na razmišljanje.

Nešto na fotografiji ga je uznemirilo, ali nije mogao da shvati *šta*.

Onda je Otis shvatio: razmera je bila pogrešna – oblak pečurke bio je *suviše mali*. Otis je uvek zamišljao da oblaci nuklearnih pečurki zauzimaju *čitavo* nebo, ali je ova eksplozija, pa, bila je sićušna signalna raketa, izgubljena posred dolina i planinskih venaca gde je detonirana.

Otis je bio u panici.

‚Možda sam', pomislio je, ‚proveo čitav život brinući zbog sićušnih petardi koje su naše misli i televizija načinili čudovišnim. Da li sam možda *grešio* sve ovo vreme? Možda se mogu osloboditi sekiracije zbog Bombe –'

Otis se uzbudio. Shvatio je da nema izbora do da uskoči u kola, pronto, i dalje ispita stvar – da poseti lokacije gde su probe pravljene i izračuna veličinu

eksplozije najbolje što može. I krenuo je na ono što je nazvao Nuklearnim putem – južna Nevada, jugozapadna Juta, a zatim polukružno ka Nju Meksiku i lokacijama proba u Alamogordu i Las Kruses. Otis je prve noći stigao do Las Vegasa. Tamo je video, mogao se zakleti, Džil Sent Džon[1] kako vrišti na svoju periku boje cimeta koja je plutala u fontani. I moguće da je video Semija Dejvisa juniora kako joj nudi činiju oraha kao utehu. I kada je oklevao da se kladi na stolu za blekdžek, momak do njega je zaurlao, *'Hej, burazeru* (neko ga je nazvao „burazeru" – bio je na sedmom nebu), *Vegas nije izgrađen na dobitnicima.'* Otis je dobacio čoveku čip od jednog dolara.

Sledećeg jutra Otis je na autoputu video šlepere koji su išli u Mustang, Ilaj i Suzanvil, napunjene oružjem, uniformama i govedinom, i uskoro je već bio u jugozapadnoj Juti posećujući set gde je sniman jedan film sa Džonom Vejnom – gde je više od polovine ljudi koji su na njemu radili umrlo od raka. Jasno, Otis je bio na zanimljivom putešestviju – zanimljivom, ali samotnom.

Poštedeću te ostatka Otisovog putovanja, ali shvataš šta hoću da kažem. Najvažnije, za nekoliko dana Otis je u Nju Meksiku pronašao bombardovane pustare nalik onima na Mesecu koje je tražio i shvatio, posle detaljnog ispitivanja, da je njegov pređašnji zaključak bio tačan, i da zaista, *oblaci pečurke od atomske bombe jesu mnogo manji nego što nam se u glavi čine.* I taj zaključak ga je utešio – utihnjavanje malih šaputavih nuklearnih glasova koji su

---

[1] *Orig.* Jill St. John. Glumica, najpoznatija po ulozi Bond devojke u filmu *Dijamanti su večni* iz 1971. godine. (*Prim. prev.*)

mu neprekidno govorili u podsvesti još od vrtića. Ipak nije bilo nikakvog razloga za zabrinutost."

„Znači, tvoja priča ima srećan kraj?"

„Ne baš, Endi. Vidiš, Otisova uteha je bila kratkog daha, jer je ubrzo shvatio nešto zastrašujuće – na šta su ga podstakli šoping centri, od svih mogućih stvari. Ovako je to bilo: vozio se kući u Kaliforniju autoputem broj 10 i prolazio pored šoping centra u predgrađu Finiksa. Nemarno je razmišljao o ogromnim, arogantnim blokovima arhitekture šoping centara i tome kako oni nemaju nikakvog vizuelnog smisla u pejzažu, baš kao ni tornjevi za nuklearno rashlađivanje. Zatim je prošao pored novog japijevskog naselja – jednog od onih čudnih novih naselja sa stotinama blokovskih, podjednako besmislenih i ogromnih ružičastih kuća, između kojih je postojao samo tračak prostora a koje su bile postavljene otprilike metar od autoputa. I Otis je počeo da misli: ‚Hej! Ovo uopšte nisu kuće – ovo su *prikriveni šoping centri*.'

Otis je zatim izveo korelaciju sa šoping centrima: kuhinje bi bile odeljenje sa hranom; dnevne sobe centri za zabavu; kupatila vodeni parkovi. Otis reče sam sebi, ‚Bože, šta li prolazi kroz *glave* ljudi koji žive ovde – jesu li u *šopingu*?'

Carev novi šoping centar: Popularna ideja da šoping centri postoje samo iznutra i da nemaju spoljašnost. Vizuelno verovanje koje ova ideja nosi omogućuje kupcima da se pretvaraju da ogromni cementni blokovi bačeni u njihovo okruženje zapravo ne postoje.

Znao je da se u njemu kuva vrela i zastrašujuća pomisao; morao je da parkira auto pored puta dok su druga vozila jurila autoputem pored njega.

I tada je izgubio novostečenu utehu. ‚Ako ljudi mogu da mentalno pretvore svoje kuće u šoping centre', mislio je, ‚onda su ovi ljudi isto tako sposobni da mentalno izjednače atomske bombe sa običnim bombama.'

Povezao je to sa svojim nedavnim zaključkom o oblacima pečurkama: ‚I kada ovi ljudi vide novu, manju, prijateljskiju veličinu eksplozije, proces preobraćaja je nepovratan. Sav zazor nestaje. Pa, pre nego što kažeš keks, moći ćemo da kupujemo atomske bombe u supermarketima – ili *ih dobijemo besplatno uz pun rezervoar goriva*! Otisov svet je ponovo postao zastrašujući."'

„Je l' bio nadrogiran?"

„Samo je pio kafu. Devet šolja, kako sam mogao da ocenim po glasu. Intenzivan momčina."

„Mislim da previše razmišlja o tome da će ga bomba oduvati. Mislim da mu je potrebno da se zaljubi. Ako se ne zaljubi uskoro, stvarno će se izgubiti."

„Može biti. Dolazi kući sutra posle podne. Donosi nam poklone oboma, kaže."

„Uštini me, molim te."

ČUDOVIŠTA POSTOJE

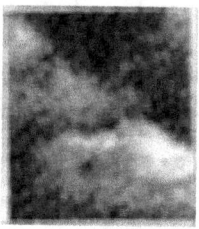

Dag je upravo stigao i izgleda kao nešto što bi psi izvukli iz kanti za smeće u Katidral Sitiju. Njegovi obično ružičasti obrazi bili su golubije sivi, a smeđa kosa bila je sluđeno neuredna poput nasumičnog snajperiste koji gura glavu iz hamburgerdžinice i viče: „Nikad se neću predati." Sve to vidimo istog trenutka kada je ušao na vrata – jako je napet i dugo nije spavao. Brinem se, i po načinu na koji Kler nervozno hvata svoju cigaretu, rekao bih da je i ona zabrinuta. Ipak, Dag izgleda srećno, što je sve što možemo očekivati, ali zašto njegova sreća izgleda tako, tako – *sumnjivo*. ¶*Mislim da znam zašto.* ¶Video sam ovakvu vrstu sreće ranije. Istog je kova kao neregulisano olakšanje i malodušno cerekanje koje sam mogao videti na licima prijatelja po povratku sa jednosemestralnog boravka u Evropi – lica oličena olakšanjem zbog činjenice da sada mogu ponovo da uživaju u velikim automobilima, debelim belim peškirima, i poljoprivrednim proizvodima iz Kalifornije, ali lica koja istovremeno streme ka neizbežnoj „šta-ću-ja-sa-svojim-životom?" polukliničkoj depresiji koja skoro uvek proprati hodočašće u Evropu. ¶*– Uh, ah.* ¶Ali, pak, Dag je već *preživeo* veliku krizu dvadesetih, i hvala Bogu, takve stvari nas strefe samo jednom u životu. Tako da pretpostavljam da je jednostavno bio sam suviše dugo – može čovek da poludi ako nema ni sa kim da komunicira. Zaista. Naročito u Nevadi.

„Ćao, zabavnjaci! Imam nešto za svakoga", povika Dag, klizeći kroz vrata, unoseći papirnu vreću preko Klerinog praga, zastajući kratko da pronjuška Klerinu poštu na stolu u hodniku, i pružajući Kler i meni delić sekunde da razmenimo značajne poglede podignutih obrva dok smo sedeli na njenim sofama i igrali Skrebl, i takođe dovoljno vremena da mi ona došapne, „*Učini* nešto."

„Ćao, šećeru", Kler zatim reče, kloparajući po drvenom podu sandalama na plutanim platformama i upotpunjujući dojam u lila toreadorskom kombinezonu. „Obukla sam se kao domaćica iz Rina u tvoju čast. Čak sam probala i da napravim turban, ali mi je nestalo laka za kosu. Tako da je ostao samo pokušaj. Želiš nešto da popiješ?"

„Prijala bi mi jedna đus-vodka. Ćao, Endi."

„Ćao, Dag", rekoh, ustajući i prolazeći pored njega, izlazeći na ulazna vrata. „Moram da pišam. Klerin klozet ispušta čudne zvuke. Vidimo se za tren. Jesi li dugo vozio danas?"

„Dvanaest sati."

„Obožavam te."

Siromahondrija: Hipohondrija nastala zbog nemanja zdravstvenog osiguranja.

Lični tabu: Malo pravilo življenja, koje se graniči sa sujeverjem, koje omogućava čoveku da se nosi sa svakodnevicom u odsustvu kulturnih ili verskih diktata.

S druge strane dvorišta u mom čistom ali dezorganizovanom bungalovu, preturam po fioci u kupatilu i pronalazim bocu sa prepisanim lekovima koja je ostala iz vremena kada sam se zabavljao sa sredstvima za smirenje pre godinu-dve dana. Iz bočice vadim pet narandžastih tableta za umirenje od 0.50 mg, sačekam koliko bi mi trebalo da pišam, zatim se vraćam kod Kler, gde ih mrvim njenim tučkom za začine, i nastali prah sipam u Dagovu đus-votku. „Pa, Dag. Izgledaš kao leglo pacova trenutno, ali hej, pijemo u tvoju čast." Nazdravljamo (ja pijem kiselu), i pošto sam ga posmatrao kako ispija piće, shvatam uz električni šok od krivice u začelju mozga, da sam mu dao preveliku dozu – umesto da se jednostavno malo opusti (što mi je bila namera), sa ovom dozom ima otprilike petnaest minuta pre nego što se pretvori u komad nameštaja. Najbolje je da to ne pominjem Kler.

„Dagmar, moj poklon, molim", reče Kler, izveštačenim i sintetički samouverenim glasom, pokuša-

---

RASKLOPIV NAMEŠTAJ IZ ŠVEDSKE

vajući da prikrije zabrinutost zbog Dagovog rasejanog stanja.

„Sve u svoje vreme, vi srećna, srećna deco", reče Dag, klimajući se na stolici, „sve u svoje vreme. Samo da se malo odmorim." Ispijamo pića, naslonjeni na Klerine jastučiće. „Kler, gajba ti je besprekorna i dražesna kao i uvek."

„O, hvala, Dag." Kler misli da je Dag drzak, ali u stvari, Dag i ja smo se uvek divili Klerinom ukusu – njen bungalov je svetlosnim godinama udaljen po ukusu od naših, ukrašen gomilama porodičnog blaga pokupljenog između brojnih bogatih razvoda njene majke i oca.

Kler je bila spremna na skoro sve da bi postigla određeni rezultat. („Moj stan mora biti *savršen*.") Skinula je tepih, na primer, i otkrila drveni pod, koji je zatim ishoblovala, lakirala, a onda prekrila persijskim i meksičkim ćilimima. Antički srebrni ćupovi i vaze (buvlja pijaca Okruga Orindž) stoje ispred zidova prekrivenih tkaninom. Dvorišne drvene stolice napravljene od kaskara vrbe pokrivene su jastu-

---

Arhitektonski problemi s probavom: Skoro opsesivna potreba da se živi u „kul" arhitektonskom okruženju. Obično predmeti fetiša uključuju crno-bele umetničke fotografije (Dajen Arbus je omiljeni umetnik); jednostavni nameštaj od borovine; matirane crne hajtek stvari poput televizora, muzičkih uređaja i telefona; ambijentalno osvetljenje male snage; lampu, stolicu ili sto koji navode na pedesete; sečeno cveće komplikovanih imena.

Japanski minimalizam: Najčešća estetika dizajna enterijera koju koriste mladi ljudi bez korena koji skaču s posla na posao.

čićima napravljenim od provansalskog materijala štampanog drvenim blokovima.

Klerin stan je zaista divan, ali u njemu se nalazi i jedan zaista uznemirujući detalj – postolja sa jelenskim rogovima, na desetine njih, koji svi stoje izmešani u krhkoj okamenjenoj hrpi u sobi pored kuhinje, sobi koja bi tehnički trebalo da bude trpezarija umesto kosturnice koja isprepada na smrt sve majstore koji dolaze da popravljaju razne aparate.

Opsesija skupljanja jelenskih rogova počela je pre nekoliko meseci, kada je Kler „oslobodila" par jelenskih rogova na jednoj rasprodaji u komšiluku. Nekoliko dana kasnije obavestila je Daga i mene da je obavila malu ceremoniju koja je omogućila duši mučene i lovljene životinje da ode na nebo. Nije htela da nam kaže šta je ceremonija podrazumevala.

Uskoro je proces oslobođanja postala mala opsesija. Kler sada spasava rogove dajući oglase u Dezert Sanu tvrdeći, „Lokalnom umetniku potrebni rogovi za projekat. Zovite na 323...." U devet od deset slučaja javlja joj se žena po imenu Verna, sa viklerima u kosi, žvaćući nikotinske žvake, koja kaže Kler, „Ne deluješ mi da si taj tip, dušo, ali đubre je otišlo, a ti samo uzmi ovu prokletinju. Ionako ih nikad nisam mogla smisliti."

„Pa, Dag", pitam dok hvatam njegove torbe, „šta si mi kupio?"

„Dalje ruke od robe, molići!" Dag prasnu, dodajući brzo, „Molim za strpljenje." Zatim gurnu ruku u torbu i dade mi nešto brzo pre nego što sam mogao da vidim šta. „*Un cadeau pour toi.*"[1]

---

[1] *Francuski:* Poklon za tebe. (*Prim. prev.*)

To je savijen antički kaiš od kuglica, sa natpisom GREND KENJON načinjenim od kuglica.

„Dag! Ovo je savršeno! Potpuno u stilu četrdesetih."

„Mislio sam da će ti se dopasti. A sada *mademoiselle* —" Dag se okreće i daje nešto Kler: teglu majoneza sa koje je skinuta deklaracija, punu nečeg zelenog. „Moguće najzačaraniji predmet u mojoj zbirci."

„*Mille tendresse*,[1] Dag", reče Kler, gledajući u ono što je izgledalo kao maslinasto zeleni kristali instant kafe, „ali šta je ovo? Zeleni pesak?" Pokazuje mi teglu, a zatim je malo protresa. „Zbunjena *sam*. Je li žad?"

„Ne, nije žad."

Bolesni drhtaj mi prolazi niz kičmu. „Dag, nisi to nabavio u Nju Meksiku, zar ne?"

„Pogodio si, Endi. Onda znaš šta je to?"

„Slutim."

„Vraže jedan."

„Hoćete li vas dvojica prestati da budete takvi *muškarci*, i jednostavno mi kažete šta je ovo?" zahteva Kler. „Bole me već obrazi od osmehivanja."

Tražim od Kler da pogledam njen poklon na trenutak, i ona mi dodaje teglu, ali Dag pokuša da mi je otme. Pretpostavljam da je koktel počeo da deluje. „Nije stvarno radioaktivno, zar ne, Dag?" pitam.

„Radioaktivno!" povika Kler. To uplaši Daga. Ispusti teglu i ona se razbi. Skoro odmah, beskrajan broj zelenih staklenih kuglica eksplodirao je poput roja besnih stršljena, leteći svuda, zvečeći niz pod, upadajući u pukotine, u tkaninu sofa, u zemlju od fikusa – *svuda*.

---
[1] *Francuski*: Hiljadu puta hvala. (*Prim. prev.*)

„Dag, kakvo je ovo sranje? Počisti to! Izbaci to iz moje kuće!"

„To je trinitit", mrmlja Dag, više pokunjen nego potresen. „Iz Alamogorda je, gde je obavljen prvi test atomske bombe. Vrelina je bila toliko jaka da se pesak istopio u potpuno novu supstancu. Kupio sam bocu u prodavnici ženske odeće."

„Bože moj. Pa to je plutonijum! Doneo si plutonijum u moju kuću. Takav si šupak. Ovo je sada otpadna rupa." Došla je do daha. „Ne mogu više ovde da živim! Moram da se odselim! Moja savršena kućica – sada živim u zatrovanoj otpadnoj rupi—"

Kler počinje da poskakuje na platformama, njeno bledo lice je pocrvenelo od histerije, ali to i dalje nije izazivalo osećaj krivice kod Daga koji se sve više komirao.

Glupavo, pokušavam da budem glas razuma: „Kler, smiri se. Eksplozija se dogodila pre skoro pedeset godina. Sada je ta stvar bezopasna..."

„Onda je ti možeš bezopasniti u đubre umesto mene, gospodine Sveznalico. Ne veruješ valjda stvarno u sve te priče o *bezopasnom*, zar ne? Ti si takva žrtva, ti budalo sa pilećim mozgom – niko ne veruje vladi. Ova stvar predstavlja *smrt* sledećih četiri i po milijarde godina."

Dag mrmlja nešto sa sofe, gde je skoro već komiran. „Preteruješ, Kler. Kuglice su već dovoljno stare. Čiste su."

„Ti mi se ne *obraćaj*, ti glasnogovorniče Frankenštajnovog čudovišta na putu za pakao, dok mi ne dekontaminiraš čitavu kuću. Do tada, biću kod Endija. Laku *noć*."

Izleće kroz vrata poput odbeglog vagona, ostavljajući Daga skoro komiranog na sofi, osuđenog da sanja grozne bledozelene košmare. Kler može ali ne mora imati košmare, ali ako se ikad vrati u ovaj bungalov, nikada više neće biti sposobna da ovde spava savršeno mirno.

Sutra dolazi Tobajas u posetu Kler. A uskoro ću i provesti Božić sa porodicom u Portlandu. Zašto je tako nemoguće da otkomplikujem svoj život?

NE JEDI SEBE SAMOG

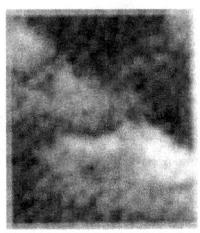

Dan pun aktivnosti. Dag još uvek spava na Klerinoj sofi, nesvestan koliko je duboko skliznuo na njenoj listi govnara. Kler je, u međuvremenu, u mom kupatilu, doteruje se i glasno filosofira kroz zamagljenu tamu koja je mirisala na Živanši parfem i među čitavom policom kozmetike i pribora koji sam morao da donesem iz njenog bungalova koji su ličili na sadržaj vreće pune slatkiša koje neko dete skupi u Noći veštica: ¶„Svako ima u svom životu nekog ‚stranca koji ga omađija‘, Endi, stranca koji ga nesvesno drži u šaci. Možda je to klinac u iscepanom džinsu koji kosi vaš travnjak ili bibliotekarka koja nosi parfem *Vajt Šolders*[1] – stranac zbog kojeg, kada biste došli kući i našli poruku na telefonskoj sekretarici, ‚*Ostavi sve. Volim te. Pođi odmah sa mnom na Floridu*‘, vi biste ga poslušali i pošli. ¶U tvom slučaju to je plavuša koja radi na kasi kod Džensena, zar ne? Skoro da si mi i sâm to rekao. Dagova je verovatno Elvisa (Elvisa je Klerina dobra drugarica) — a *moj* je, nažalost", izlazi iz kupatila, nakrivljene glave na stranu dok je stavljala minđušu, „Tobajas.

---

[1] *Orig.* White Shoulders. Parfem Elizabet Arden. (*Prim. prev.*)

Život je *tako* nepravedan, Endi. *Zaista.*" ¶Tobajas je, nažalost, Klerina opsesija iz Njujorka, i ovog jutra stiže sa losanđeleskog aerodroma. Naših je godina, i tip iz privatnih škola poput Klerinog brata Alana, i iz nekog istočnog raskošnog geta: Nju Rošel? Šejker Hajts? Derijen? Vestmaunt? Lejk Forest? Je li uopšte bitno? Radi u nekoj banci na nekakvom poslu da, kada vam na žurci kaže čime se bavi, počnete da zaboravljate šta je čim je on to izgovorio. Ima afektiran korporativni ubitačan govor. Ne smatra glupavim ni uvredljivim da često posećuje franšize tematskih restorana sa veštačkim imenima, kao Mektakiz ili O'Duliganz. Poznaje sve vrste i varijacije brodarica. („*Nikad* ne bih mogao da nosim *tvoje* cipele, Endi. Šivene su kao *mokasine*. Suviše ležerno.")

Opsednut je kontrolom i smatra sebe dobro obaveštenim, što uopšte ne iznenađuje. Voli da priča viceve o asfaltiranju Aljaske i bacanju nuklearne bombe na Iran. Kako kaže stih iz popularne pesme, lojalan je Banci Amerike. Nešto je propustio i *pokvaren* je.

RAVNO- MERNA EKONO- MIJA UNIŠTAVA IZBOR

Ali, s druge strane, Tobajas izgleda fenomenalno, tako da smo Dag i ja ljubomorni. Tobajas bi mogao da stoji na uglu negde u centru grada u ponoć i da izazove saobraćajni kolaps. Suviše depresivno za nas prosečne. „Ne bi morao da radi ni dan u životu ako ne bi želeo", kaže Dag. „Život nije fer." Nešto u vezi sa Tobajasom uvek izaziva ljude da misle da „život nije fer".

On i Kler su se upoznali u Brendonovom stanu u Zapadnom Holivudu pre nekoliko meseci. Njih troje je trebalo da idu na koncert Vol ov Vudu, ali Tobajas i Kler nisu ni stigli do koncerta, otišavši umesto toga u Džava kafedžinicu, gde je Tobajas pričao a Kler buljila čitavu noć. Kasnije, Tobajas je izbacio Brendona iz njegovog rođenog stana. „Nisam čula ni reč od onoga što je Tobajas govorio čitave večeri", kaže Kler. „Mogao je i da čita jelovnik unatraške, što se mene tiče. Njegov profil je, kažem ti, *ubitačan.*"

Proveli su tu noć zajedno, a sledećeg jutra je Tobajas ušetao u spavaću sobu sa stotinu ruža, i probudio je Kler nežno ih bacajući na njeno lice, jednu po jednu. A kada se ona sasvim probudila, prosuo je krvavo crveni vodopad grančica i latica svuda po njenom telu, i kada je Kler to ispričala Dagu i meni,

---

Hleb i kola: Tendencija u elektronskoj eri da se partijska politika smatra otrcanom – ne više bitna, smislena ili korisna za savremena društvena pitanja, i u mnogo slučajeva opasna.

Glasački blok: Pokušaj, ma koliko neuspešan, da se zabeleži neslaganje sa tekućim političkim sistemom jednostavnim neizlaskom na izbore.

čak smo i mi morali da priznamo da je to bio divan gest s njegove strane.

„To mora da je bio najromantičniji trenutak u mom životu", reče Kler. „Hoću da kažem, je li moguće umreti od ruža? Od zadovoljstva? U svakom slučaju, kasnije tog prepodneva išli smo kolima na farmersku pijacu u Ferfeksu na kasni doručak i da rešavamo ukrštene reči iz Los Anđeles Tajmsa sa golubima i turistima na skveru. A onda sam na La Sienega bulevaru ugledala ogroman znak na drvetu sa rečima 100 ruža samo 9.95 dolara ispisanim na njemu, i srce mi je potonulo kao leš uvijen u čelik i bačen u reku Hadson. Tobajas se pokunjeno spustio u svom sedištu što je više mogao. A onda se stvar još više *pogoršala*. Na semaforu je bilo crveno svetlo, i čovek iz kioska priđe kolima i reče nešto kao, ,Gospodin Tobajas! Moja najbolja mušterija! Vi mora da ste prava srećnica kada stalno dobijate naše cveće od gospodina Tobajasa.' Kao što možete zamisliti, doručak je izgubio svoju draž."

Okej, okej. Malo sam jednostran ovde. Ali zabavno je pljuvati Tobajasa. I lako je. On je za mene otelotvorenje svih ljudi moje generacije koji su koristili sve ono dobro u sebi samo da bi stvorili novac; koji koriste svoje glasove za kraktoročnu dobit. Koji su skončali presrećni na poslovima sa dna lestvice prehrane – marketingu, prodaji nekretnina, jeftinoj advokaturi i brokerisanju novcem. Takva samozadovoljnost. Smatrali su sebe orlovima koji grade moćna gnezda od grana hrasta i rogoza, dok su u

EROTIZUJTE

INTELIGENCIJU

stvari bili više nalik orlovima ovde u Kaliforniji, onima koji grade gnezda od delova napuštenih automobila koji izgledaju kao klice izvađene iz sendviča – zarđalo izduvno crevo i kilavi kaiševi ventilatora – hrpe olupina sa izbeljenih travnatih meridijana autoputa za Santa Moniku: plastične stolice, poklopci stiropornih hladnjaka, slomljene skije – jeftine, vulgarne, otrovne stvari koje će se ili rastvoriti za nekoliko minuta ili ostati suštinski nepromenjene sve dok naša galaksija ne doživi supernovu.

Oh, ne mrzim ja Tobajasa. I dok čujem kako se njegov auto zaustavlja napolju ispred kuće, shvatam da u njemu vidim nešto što sam sâm mogao postati, nešto što svako od nas može ako nije dovoljno oprezan. Nešto bljutavo i samozadovoljno koje trguje sopstvenom maskom, ispunjeno takvim besom i prezirom prema ljudskoj rasi, takvom potrebom, da je jedina hrana koja preostaje takvom stvorenju njegovo sopstveno meso. On je poput putnika u avionu prepunom bolesnih ljudi koji se srušio visoko u planinama, i preživeli, pošto nemaju pouzdanja u organe drugih, grickaju sopstvene podlaktice.

„Šećeru, dušo!" viče Tobajas rugajući se, otvarajući širom moja ulazna vrata pošto kod Kler nije našao nikoga sem sklupčanog Daga. Žacnem se, praveći se da sa zanimanjem čitam TV program,

---

Armanizam: po Đorđu Armaniju: opsesija za imitiranjem bešavnog i (što je važnije) *kontrolisanog* etosa italijanske mode. Poput *japanskog minimalizma*, *armanizam* oslikava duboku unutrašnju potrebu za kontrolom.

Poletnost siromaštva: Shvatanje da je neko bio bolja osoba dok je imao manje novca.

promrmljavši pozdrav. On ugleda časopis: „Dno lestvice, je li? Mislio sam da si ti intelektualac."
„Čudno da ti pominješ dno lestvice, Tobajas..."
„Šta kažeš?" zareža, kao neko ko glasno sluša vokmen kada ga pitaju za pravac. Tobajas zapravo ne obraća pažnju na predmete koji nisu obasjani njegovom ličnošću.
„Ništa, Tobajas. Kler je u kupatilu", dodajem, pokazujući u tom pravcu u istom trenutku kada se Kler pojavljuje brbljajući i stavljajući šnalu u kosu.
„Tobajas!" kaže, pritrčavši mu u iščekivanju poljupca, ali Tobajas je zbunjen zbog njene očigledne slobode u mom okruženju i odbija da je poljubi.
„Izvinjavam se", kaže. „Izgleda da sam nešto prekinuo." Kler i ja prevrćemo očima zbog same ideje da Tobajas doživljava život kao ne-veoma-smešnu komediju iz perioda francuske obnove, ciljanu isključivo ka njemu. Kler se propinje i ljubi ga bez obzira. (Visok je, naravno.)
„Dag je sinoć prosuo plutonijum po mom čitavom bungalovu. On i Endi će ga danas počistiti, a do tada, ja sam se ugnezdila ovde na kauču. Čim se Dag opasulji, to jest. Onesvestio se na *mom* kauču. Bio je u Nju Meksiku prošle nedelje."
„Trebalo je da pretpostavim da bi on uradio nešto tako glupo. Je li pravio bombu od toga?"
„Nije to bio plutonijum", dodajem ja. „Bio je to trinitit, a on je bezopasan."
Tobajas to ignoriše. „Šta je radio u tvom stanu, kad smo već kod toga?"
„Tobajas, šta sam ja, tvoja *devojka*? On mi je drug. Endi mi je drug. Ja živim ovde, znaš?"
Tobajas je zgrabi za struk – izgleda da postaje obesan. „Izgleda da ću morati da te isečem po dužini, mlada damo." Vuče njene prepone ka svojima, i

ja ostajem bez teksta od srama. Zar ljudi zaista ovako razgovaraju? „Hej, šećeru – izgleda da se nadula. Šta misliš – da li da je oplodim?"

U ovom trenutku Klerino lice pokazuje da je veoma svesna feminističke retorike i dijalektike ali da nije u stanju da izvuče odgovarajući citat. Zapravo se smejulji, shvatajući istog trenutka da će to smejuljenje biti upotrebljeno protiv nje u nekom budućem, trezvenijem, manje hormonima-kontrolisanom trenutku.

Tobajas povlači Kler kroz vrata. „Glasam da odemo do Dagovog bungalova na neko vreme. Šećeru – kaži ortaku da nas ne dira nekoliko sati ako odluči da ustane. Ćao."

Lupa vratima još jednom, i, kao i kod svih parova koji su nestrpljivi da se pare, nema uljudnog oproštaja.

JEDI SVOJE RODITELJE

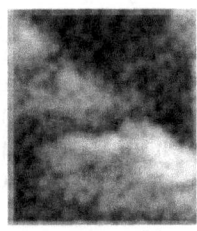

Usisavamo plutonijum iz parketa Klerine dnevne sobe. Plutonijum – to je naša nova moderna lozinka za odmetnute, moguće radioaktivne kuglice trinitita. ¶„Živahne male kuglice", uzviknu Dag dok udara crevom u problematični drveni čvor, dobro raspoložen i ponovo svoj posle dvanaest sati sna, tuširanja, grejpfruta sa drveta komšije Mekartura – drvo čije smo ukrašavanje plavim božićnim osvetljenjem pomogli prošle nedelje – kao i tajnim lekom protiv mamurluka Dagmara Belinghauzena (četiri tablete paracetamola i mlako ugrejana konzerva supe sa piletinom i rezancima). „Ove kuglice su kao pčele ubice, kako su sve zaposele." ¶Proveo sam jutro na telefonu organizujući moje predstojeće putovanje u Portland kako bih se video sa porodicom, putovanje zbog koga postajem, kako Kler i Dag kažu, morbidan. „Glavu gore. Nemaš zbog čega da brineš. Pogledaj mene. Upravo sam načinio nečiji stan nenastanjivim sledećih četiri i po milijarde godina. Zamisli kakvu krivicu *ja* osećam." ¶Dag je zapravo velikodušan oko čitave stvari sa plutonijumom, ali morao je da načini psihičku razmenu, i sad mora da se pretvara da mu ne smeta to što Kler i

Tobajas imaju snošaj u njegovoj spavaćoj sobi, prljajuju njegovu posteljinu (Tobajas se hvališe kako ne koristi kondome), preturaju mu po kasetama, i prazne frižider. Ipak, Tobajas je Dagu na pameti: „Ne verujem mu. Šta on to namerava?"
„Namerava?"
„Endru, probudi se. Neko ko izgleda kao on mogao bi da ima bilo koju fufu sa lakom na nogama u državi Kalifornija. To je očigledno njegov stil. Ali on bira Kler, koja, *voleli* je mi koliko je volimo, i ma koliko ona bila *šik*, i što joj *posebno* ide u prilog, predstavlja pogrešan izbor prema Tobajasovim standardima. Hoću da kažem, Endi, Kler *čita. Znaš* šta hoću da kažem."
„Mislim da znam."
„On nije dobar čovek, Endru, a vozio je čitav put preko planina da bi se video sa njom. I molim te, nemoj mi reći da je to nekakva ljubav."
„Možda ima nešto što mi ne znamo o njemu, Dag. Možda samo treba da imamo vere u njega. Daj mu listu knjiga za čitanje da mu pomogneš da se usavrši..."
Ledeni pogled.
„Ne bih se složio, Endru. On je već daleko odmakao. Kod njegovog tipa, možeš samo da umanjiš štetu. Hajde – pomozi mi da dignem ovaj sto."
Premešamo nameštaj, otkrivajući nove oblasti koje je plutonijum kolonizovao. Ritam detoksifikacije se nastavlja: četke, krpe, kante za smeće. Čisti, čisti, čisti.
Pitam Daga hoće li ići u Toronto da poseti svoje unekoliko otuđene roditelje za ovaj Božić. „Poštedi me, Endru. Ovaj momak će provesti kaktus Božić. Pogledaj", reče, menjajući temu, „...*uhvati tog zeca od prašine.*"

Menjam temu. „Mislim da moja majka ne shvata u potpunosti koncept ekologije ili recikliranja", počinjem da pričam Dagu. „Za vreme Dana zahvalnosti pre dve godine, posle večere, majka je trpala sve ostatke večere u ogromnu nerazgradivu vreću. Pomenuo sam joj da je vreća nerazgradiva i da bi mogla iskoristiti jednu od razgradivih vreća koje je imala na polici. A ona mi kaže, ‚U pravu si! Zaboravila sam da ih imam!' i tako zgrabi jednu od dobrih vreća. Zatim uze sve smeće, zajedno sa lošom vrećom, i ubaci ga u novu vreću. Izraz lica joj je bio toliko iskreno ponosan da nisam imao srca da joj kažem da je pogrešila. Luiz Palmer: *spasiteljka planete.*"

Uvalih se u hladan mekan kauč dok Dag nastavlja da čisti: „Treba da vidiš kuću mojih roditelja, Dag. Izgleda kao muzej perioda od pre petnaest godina. Ništa se tamo ne menja; užasavaju se budućnosti. Jesi li ikad poželeo da zapališ kuću svojih roditelja samo da bi ih izbacio iz kolotečine? Samo da bi se desila *nekakva* promena u njihovom životu? Klerini roditelji se bar svako malo razvode. To daje živost čitavoj stvari. Dom je kao neki od onih starih evropskih gradova poput Bona, Antverpena, Beča

ili Ciriha, gde nema mladih ljudi i imaš osećaj da se nalaziš u skupocenoj čekaonici."

„Endi, ja sam poslednja osoba koja treba to da kaže, ali, hej – roditelji ti jednostavno stare. To se dešava starim ljudima. Postanu luckasti; postanu dosadni, izgube oštrinu."

„To su *moji* roditelji, Dag. Poznajem ih valjda."

Ali Dag je sasvim u pravu, i tačnost onoga što je rekao čini da se osećam sramotno sitničavim. Pobijam njegovo gledište. Okrećem se ka njemu: „Silan komentar kad dolazi od nekog čije čitavo osećanje života počinje i završava se u godini kada su se njegovi roditelji venčali, kao da je to bila poslednja godina kada su stvari još mogle biti sigurne. Od nekoga ko se oblači kao prodavac automobila u salonu Dženeral Motorsa iz 1955. godine. I, Dag, jesi li ikad primetio da tvoj bungalov više izgleda kao da u njemu živi novopečeni bračni par iz Alentauna u Pensilvaniji u vreme Ajzenhauerove ere, nego fin de siècle[1] egzistencijalistički pozer?"

„Jesi li završio?"

„Ne. Imaš danski moderan nameštaj; koristiš crni starinski telefon sa brojčanikom; kuneš se u En-

---

[1] *Francuski*: kraj veka. (*Prim. prev.*)

Muzičko cepidlačenje: Klasifikovanje muzike i muzičara u patološki beznačajne kategorije: „*Vijena Frenks su dobar primer obnove urbanog belog esid folka sa primesama ska.*"

Početni kurs: Tendencija da se rastave, obično do najsitnijih detalja, svi aspekti života koristeći se polushvaćenom popularnom psihologijom kao oruđem.

ciklopediju Britaniku. Bojiš se budućnosti koliko i moji roditelji."

Tišina.

„Možda si u pravu, Endi, a možda se i nerviraš zbog odlaska kući za Božić—"

„Prestani da mi povlađuješ. Vređaš me."

„Dobro. Ali ne istresaj se na meni, dobro? Imam ja svoje demone i ne želim da ih trivijalizuješ svojim početnim kursom iz psihologije. Uvek isuviše analiziramo život. To će nam svima doći glave.

Hteo sam da predložim da izvučeš pouku iz priče moga brata Metjua, pisca radijskih džinglova. Kad god telefonira ili faksira svom agentu, uvek se cenjkaju oko toga ko će pojesti faks – ko će to otpisati kao poslovni trošak. I predlažem da ti učiniš to isto sa svojim roditeljima. Pojedi ih. Prihvati ih kao deo onoga što te je dovelo ovde, i nastavi sa životom. Otpiši ih kao poslovni trošak. Tvoji roditelji bar pričaju o Velikim stvarima. Probam da pričam o stvarima koje su mi bitne, poput nuklearnog pitanja, sa mojim roditeljima i to izgleda kao da pričam bratislavski. Slušaju me obzirno dovoljno dugo, i onda kada ostanem bez daha, pitaju me zašto živim u tako zabitom mestu kao što je pustinja Mohavi i kakav mi je ljubavni život. Poveri makar i najmanju sitnicu roditeljima i oni će to iskoristiti kao pajser da te raspolove i urede ti život tako da nema nikakve perspektive. Ponekad jednostavno poželim da ih isprskam suzavcem. Želim da im kažem da im zavidim na uzgoju koji je bio tako čist, tako oslobođen osećanja da nema budućnosti. I želim da ih udavim zato što su nam bezbrižno prepustili svet kao neki iznošeni donji veš."

PLAĆENA ISKUSTVA SE NE VAžE

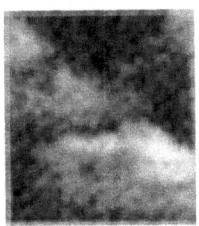

„Vidi *ovo*", reče Dag, nekoliko sati kasnije, parkirajući auto pored puta i pokazujući na lokalni Institut za slepe. „Je l' primećuješ nešto smešno?" ¶U početku ne vidim ništa nepovoljno, ali onda mi sine da je fasada zgrade u stilu pustinjske moderne prekrivena ogromnim katusima sa pirana špicevima, dražesnim ali oštrim kao žilet; javljaju mi se vizije bucmaste male dece iz *Far Sajd*[1] stripa koji eksplodiraju poput kobasica za doručak pri udaru u fasadu. ¶Napolju je vruće. Vraćamo se iz Palm Dezerta, gde smo otišli da iznajmimo aparat za glačanje parketa, a na povratku smo prošli pored Klinike Beti Ford[2] (polako) a zatim pored Ajzenhauerove zgrade, gde je gospodin Liberače[3] umro. ¶„Sačekaj malo; želim da uzmem nekoliko ovih šiljaka za moju zbirku začaranih predmeta." Dag izvlači klješta i

---

[1] *Orig.* Far Side. Strip Gerija Larsona, samo u jednom crtežu, sa nadrealnim humorom. (*Prim. prev.*)

[2] *Orig.* Betty Ford Clinic. Čuvena klinika za lečenje od bolesti zavisnosti, naročito za slavne ljude. Nosi ime po jednom od osnivača, Beti Ford, supruzi bivšeg Američkog predsednika Džeralda Forda. (*Prim. prev.*)

[3] *Orig.* Liberace. Čuveni američki zabavljač iz 1950-ih. (*Prim. prev.*)

plastičnu kesu iz izlupane kasete u automobilu koju zatvara lastišem. Zatim skakuće poput zeca kroz saobraćajni pakao na Ramon Roudu. ¶Dva sata kasnije sunce je visoko na nebu a aparat za glačanje parketa stoji smoren na Klerinim pločicama. Dag, Tobajas i ja se izležavamo poput guštera u demilitarizovanoj zoni oko bazena u obliku bubrega posred dvorišta naših bungalova. Kler i njena drugarica Elvisa vode ženske razgovore u mojoj kuhinji, ispijajući kapućino i ispisujući nešto kredom po mom crnom zidu. ¶Među nama trojicom momaka kraj bazena vladalo je primirje i, da mu odam priznanje, Tobajas je bio prilično zabavan, pričajući o detaljima sa nedavnog putovanja u Evropu – toalet papir Istočnog bloka: „naboran i sjajan, poput reklama K-marta[1] u Los Anđeles Tajmsu", i „hodočašće" – poseta grobu Džima Morisona na Per Lašez groblju u Parizu: „Bilo je jako lako naći ga. Ljudi su sprejom ispisali ‚Ovuda do Džimija' svuda po nadgrobnim spomenicima silnih mrtvih francuskih pesnika. Bilo je super."
Sirota Francuska.

Elvisa je Klerina dobra drugarica. Upoznale su se pre nekoliko meseci na Klerinom odeljenju drangulija i bižuterije kod I. Manjina. Nažalost, Elvisa joj nije *pravo* ime. Zove se Ketrin. Ime *Elvisa* sam ja smislio, i ono je ostalo još od prvog puta kada sam ga upotrebio (na njeno veliko zadovoljstvo) kada ju je Kler dovela kući na ručak pre mnogo vremena. Ime potiče od njene velike, anatomski neproporcionalne glave, kao kod žene koja ukazuje na robu u kviz emisijama na televiziji. Na vrh te glave je zift

---

[1] Lanac robnih kuća u SAD. (*Prim. prev.*)

crna a-la-Elvis frizura kakve imaju Matelove lutke, koja uokviruje njenu lobanju poput znakova navoda. Iako možda nije *lepa* per se, kao ni većina žena krupnih očiju, strašno je zanimljiva. Takođe, iako živi u pustinji, ima ten beo kao mleko i mršava je kao hrt koji juri za zecom. Stoga, izgleda da ima dobre šanse da oboli od raka.

Iako su njihove priče delimično nekompatibilne, Kler i Elvisa imaju zajedničkog imenitelja – obe su tvrdoglave, zdravo radoznale, i najvažnije, obe su okrenule leđa starom životu i namerile se da stvore novi život za sebe u ime pustolovine. U sličnim potragama za ličnom istinom, svesno su se stavile na društvene margine, i za to je, mislim, trebalo hrabrosti. Ženama je teže da to urade nego muškarcima.

Razgovor sa Elvisom je kao da razgovarate telefonom sa bučnim detetom sa krajnjeg Juga – Talahasija, Florida, da budem precizan – ali detetom koje razgovora preko telefona smeštenog u Sidneju, Australija, ili Vladivostoku, SSSR. Postoji satelitska stanka između odgovora, možda jednu desetinu sekunde duga, što vas navodi da pomislite da nešto ne

funkcioniše baš kako treba u vašem mozgu – da se neki podaci i tajne kriju od vas.

A što se tiče toga kako Elvisa zarađuje za život, niko od nas nije sasvim siguran, a nismo sigurni ni da li stvarno želimo da *znamo*. Ona je živi primer Klerine teorije da svako ko živi u odmaralištu a ima manje od trideset godina, nešto muti. Ja mislim da njen posao ima neke veze sa piramidalnim ili Ponzi[1] spletkama, ali možda ima i neke veze sa seksom: jednom sam je video u jednodelnom kupaćem kostimu Princeze Stefani kako ljubazno ćaska sa likom koji je izgledao kao mafijaš, dok je brojala snop novca pored bazena Ric Karltona, visoko u brdima boje krekera od integralnog brašna iznad Ranča Miraž. Kasnije je poricala da je bila tamo. Kada je pritisnete uza zid, priznaće da prodaje vitaminske šampone, proizvode od aloje, i posuđe, koje nikad nismo imali prilike da vidimo, na koju temu može da improvizuje ubedljiva svedočenja protiv žižaka na licu mesta („Ova rerna mi je spasla *život*").

Elvisa i Kler izlaze iz mog bungalova. Kler izgleda istovremeno depresivna i rasejana, sa očima upiljenim u nevidljivi predmet koji lebdi u vazduhu metar i po ispred nje. Elvisa je, međutim, dobro raspoložena i nosi kupaći kostim iz 1930-ih, kao pokušaj da izgleda moderno i retro, ali joj on ne stoji dobro. U Elvisinoj glavi ovo popodne je „vreme da se bude Mlad i da se rade Mladalačke stvari sa Mladim ljudima mojih godina." Smatra nas Mladima. Ali kupaći kostim koji je izabrala samo naglašava

---

[1] Po Čarlsu Ponziju, jednom od tvoraca ove spletke. U okviru ove spletke ljudima se nude nenormalno visoke kratkoročne zarade kako bi se privukli ulagači. Da bi opstala, potreban je stalno novi broj ulagača kako bi novac nastavio da cirkuliše. (*Prim. prev.*)

koliko se ona udaljila od današnjeg buržujskog vremena/prostora. Neki ljudi ne moraju da se trude da budu moderni; sviđa mi se Elvisa, ali može biti nekad sasvim isključena iz sveta.

„Zipa vegasku domaćicu na hemoterapiji", prošapta Tobajas Dagu i meni, pogrešno pokušavajući da nas osvoji pričajući glupave viceve.

„Volimo i mi tebe, Tobajas", odgovori Dag, a zatim se nasmeši devojkama i reče, „Ćao, deco. Jeste li se lepo išćaskale?" Kler bezvoljno progunđa a Elvisa se nasmeši. Dag ustade da poljubi Elvisu dok se Kler ispruži na rasklopivoj stolici za sunčanje, požuteloj od sunca. Ukupan efekat koji odaje atmosfera oko bazena je izrazita 1949. godina, izuzev Tobajasevih fluoroscentno zelenih kupaćih gaća.

„Ćao, Endi", prošapta Elvisa, sagnuvši se da me cmokne u obraz. Zatim promrlja učtiv pozdrav Tobajasu, nakon čega se i sama pručila i počela mukotrpan posao premazivanja svake pore svog tela kremom za sunčanje sa visokim zaštitnim faktorom, dok je Dag sa obožavanjem pratio svaki njen pokret, poput druželjubivog psa čiji vlasnik, nažalost,

nikad nije kod kuće. Kler je ležala s druge Dagove strane, a telo joj je bilo potpuno mlitavo kao krpena lutka. Je li čula neke loše vesti, šta li?

„Lep dan danas, zar ne?" reče Elvisa uopšteno.

„Pa, *ovo* zamorče jednostavno ne može prestati da vuče polugu kako bi došlo do kuglica zadovoljstva."

„Dag, mnogo si mi čudan danas", odgovori ona. „Molim te, prestani."

Protiče tih, životinjski sat. Tobajas, koji više nije u centru pažnje sa svojim hvalisanjem o putovanju u Evropu, počinje da pljuje. Sede, prošepuri se, proveri izbočinu u gaćama, i zagladi kosu. „Pa, Dagvud" (reče Da*gmaru*) „čini se da si vežbao u teretani od poslednjeg puta kada sam video kako zaustavljaš saobraćaj svojim telom."

Dag i ja, obojica opruženi na stomaku, pogledasmo se, napravismo grimase, i u isti glas rekosmo Tobajasu da „brine svoju brigu". Ovo ga natera da se usredsredi na Kler, čije je lice potpuno namrgođeno i neraspoloženo za bilo šta. Jeste li primetili kako je nemoguće razljutiti depresivnu osobu.

On zatim pređe svojim grabežljivim očima na Elvisu, koja je u tom trenutku mazala nokte u roze Honolulu Ču-Ču boju. Pogledom očevidno pokazuje da se oseća superiornim u odnosu na onu koju posmatra. Jednostavno ga vidim kako ima taj isti iz-

---

Japiji u najavi: Podgrupa Generacije *X* koja veruje da je mit o japijevskom životnom stilu kako zadovoljavajući tako i održiv. Skloni·su da budu duboko zaduženi, obično uživaoci nekih vrsta droga, i pokazuju spremnost da pričaju o Armagedonu posle trećeg pića.

raz lica dok nosi plavo odelo iz Sevil Roua[1], i prepušta se nutricionim užicima u nekoj njujorškoj kafeteriji u pauzi za ručak – smatrajući svaku konobaricu plenom i dokazom *droit de seigneur*.[2]

„Šta *ti* gledaš, mladi japi?"

„Nisam ja japi."

„Malo sutra nisi."

„Suviše sam mlad. Nemam dovoljno para. Možda tako *izgledam*, ali to je *samo* to – izgled. Kada je došao na mene red da se ogrebem za dobre stvari kao što su jeftine nekretnine i najbolji poslovi, one su nekako... *postale retkost*."

Senzacija! Tobajas nije dovoljno bogat? Ovo priznanje me je trgnulo iz sopstvenih misli – isto kao kada vam se pokida pertla dok vezujete cipele, što istovremeno može da vas prebaci na neki novi nivo svesti. Shvatam da je Tobajas, uprkos svojoj maski, *shin jin rui* – pripadnik *X* generacije – baš kao i mi.

Takođe zna da je ponovo centar pažnje: „Da budem iskren, truditi se da izgledam kao japi je prilično iscrpljujuće. Mislim da ću morati da odustanem od čitave varke – ne isplati se. Možda *čak* postanem i boem kao *ovo troje*. Možda se preselim u kartonsku kutiju na vrhu RKA zgrade[3]; prestanem da jedem proteinsku hranu; radim kao živi mamac u

---

[1] *Orig.* Savile Row. Ulica u četvrti Mejfer, u Londonu, čuvena širom sveta kao sedište brojnih krojačkih radnji, koje prave muška odela po narudžbini. Mnoge poznate ličnosti su klijentela ovih radnji. (*Prim. prev.*)

[2] *Francuski.* Bukvalno znači, prava vlastele, ali se odnosi na srednjovekovno pravo vlastelina da uzme čednost svojih podanica. (*Prim. prev.*)

[3] *Orig.* RCA – Radio Corporation of America (Američka radio korporacija). Pomenuta zgrada se nalazi u sklopu Rokfelerovog centra na Menhetnu, Njujork. (*Prim. prev.*)

Zemlji krokodila. Štaviše, možda se *čak preselim ovde u pustinju.*"

(Bože sačuvaj.)

„Poštedi me, *molim te*", uzvraća Elvisa. „Odlično poznajem tvoj tip. Svi ste vi japiji isti i preko glave mi je svih vas. Daj da ti vidim oči."

„Šta?"

„Daj da ti vidim oči."

Tobajas se naginje kako bi Elvisa stavila ruke oko njegove brade i izvukla informacije iz njegovih očiju, plave boje kao holandski suvenir tanjiri. To traje strašno dugo. „Pa, dobro. Možda i nisi *sasvim* loš. *Možda* ću ti i ispričati posebnu priču kroz nekoliko minuta. Podseti me. Ali zavisi. Hoću da mi prvo nešto kažeš: pošto umreš i budeš sahranjen i lebdiš negde kuđagod mi to idemo, šta će biti tvoje najbolje sećanje na Zemlju?"

„Kako to misliš? Ne kapiram."

„Koji trenutak po tebi određuje šta znači biti živ na ovoj planeti. Šta ćeš *poneti* sa sobom?"

Nastupila je tišina. Tobajas ne shvata na šta ona misli, a iskreno, ne shvatam ni ja. Nastavlja: „Lažna japi iskustva na koja si morao da potrošiš novac, poput splavarenja po brzacima ili jahanja slonova na Tajlandu se ne važe. Želim da čujem o nekom sitnom trenutku iz tvog života koji *dokazuje da si stvarno živ.*"

Tobajas nije spreman da pruži ikakvu informaciju odmah. Mislim da mu je potrebno da prvo čuje neki primer.

„Imam ja jedan", reče Kler.

Svi se okrenuše ka njoj.

„Sneg", reče nam. „Sneg."

JASNO SE SEĆAJ ZEMLJE

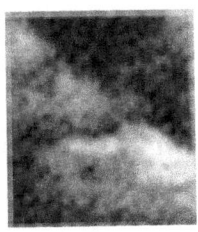

„Sneg", reče Kler, u trenutku kada mnoštvo golubica uzlete sa braon svilenaste zemlje iz Mekarturovog dvorišta pored nas. ¶Mekarturovi su pokušavali da zasade svoj novi travnjak čitave nedelje, ali golubice jednostavno obožavaju to ukusno semenje trave. A pošto su tako simpatične, nemoguće je stvarno se ljutiti na njih. Gospođa Mekartur (Ajrin) kobajagi ih rasteruje svaki čas, ali golubice jednostavno uzlete na vrh krova njihove kuće, gde misle da su skrivene, kada počnu da prave uzbudljive male golubije zabave. ¶„Uvek ću se sećati kada sam prvi put videla sneg. Imala sam dvanaest godina i to je bilo baš posle prvog i najvećeg razvoda. Bila sam u Njujorku u poseti mojoj majci i stajala sam na uličnom ostrvu na Park aveniji. Nikad do tad nisam bila van Los Anđelesa. Začarao me je veliki grad. Gledala sam u neboder Pan Am-a i razmišljala o suštinskom problemu Menhetna." ¶„Koji je...?" upitah. ¶„Taj da ima previše neravnomerno raspoređene težine: kule i liftovi; čelik, kamen i cement. Toliko mase tako visoko da i sama gravitacija može da zastrani – nekom groznom inverzijom – program razmene sa nebom." (Obožavam kada Kler postane čudna.) „Drhtala sam pri pomisli na to. Ali *baš tada* me je brat Alan povukao za rukav jer se na semaforu upalilo zeleno svetlo. I kada sam se okrenula da bih prešla ulicu, lice mi je udarilo *tras*, pravo u prvu pahuljicu snega koju sam ikad osetila. Istopila se u mom oku. U početku nisam ni znala o čemu se radi, ali onda sam ugledala *milione* pahuljica – sasvim bele, mirišući na ozon i lelujaći nadole kao odbačeno paperje anđela. Čak je i Alan zastao. Automobili su nam svirali, ali je za nas vreme stalo. I tako, *da* – ako mogu da ponesem *jedno* sećanje na zemlju sa sobom – to bi bio taj trenutak. Do dana današnjeg, osećam da mi je desno oko začarano."

„Savršeno", reče Elvisa. Okrenu se ka Tobajasu. „Je l' sad kapiraš?"

„Daj mi da razmislim malo."

„Imam ja jedno", reče Dag sa nešto entuzijazma, delimično zbog, sumnjam, silne želje da osvoji poene kod Elvise. „To je bilo 1974. U Kinstonu, Ontario." Pali cigaretu, a mi čekamo. „Tata i ja smo bili na benzinskoj pumpi i dobio sam zadatak da napunim rezervoar – Galaksija 500, modernog auta. A za mene je to bila velika odgovornost. Bio sam jedno od one trapave dece koja uvek imaju prehlade, i nikad nisu savladala stvari kao što je sipanje benzina u automobil, ili razmotavanje zamršenih štapova za pecanje. Uvek bih nekako nešto zajebao; uništio.

U svakom slučaju, tata je ušao u radnju na pumpi da kupi mapu, a ja sam bio napolju i osećao se kao pravi muškarac, *tako* ponosan zbog toga što još uvek nisam ništa pokvario – zapalio benzinsku pumpu ili šta sve ne – i rezervoar je bio *skoro* pun. Pa, tata je izašao baš kad sam hteo da izvadim crevo iz rezervoara, kada je štrcaljka jednostavno poludela. Počela je da prska svuda okolo. Ne znam zašto – samo je prskala – po mojim farmerkama, patikama, tablicama na kolima, cementu – nalik ružičastom alkoholu. Tata je sve video i mislio sam da ću dobiti svoje. Osećao sam se tako malim. Ali umesto toga nasmešio mi se i rekao, ‚Hej, mališa. Nije li miris benzina sjajan? Zatvori oči i udahni. Tako *čist*. Miriše na *budućnost*.'

Pa, to sam i učinio – zatvorio sam oči kako je rekao, i duboko udahnuo. I u tom trenutku video sam jarko narandžastu svetlost sunca kako mi prolazi kroz kapke, mirisao benzin, a kolena su mi klecnula. Ali bio je to najsavršeniji trenutak u mom životu, i tako da, ako mene pitate (a to se iskreno nadam), raj jednostavno *mora* da bude strašno nalik na tih par sekundi. To je moje sećanje na zemlju."

„Je li bio običan ili bezolovan?" upita Tobajas.

„Običan", odgovori Dag.

„Savršeno."

„Endi?" Elvisa me pogleda. „A ti?"

„Znam koje je moje sećanje na Zemlju. To je miris – miris slanine. Bilo je to jednog nedeljnog jutra kod kuće i svi smo bili za doručkom, što je bio događaj bez presedana jer smo mojih šestoro braće i sestara i ja nasledili majčinu osobinu da nam pripadne muka i na sâm pogled na hranu ujutru. Umesto toga bismo duže spavali.

U svakom slučaju, nije čak bilo ni nekog posebnog razloga zašto smo bili svi na okupu i jeli. Nas devetoro se nekom zgodom okupilo u kuhinji, i svi smo bili dobro raspoloženi i prijatni jedni prema drugima, i čitali naglas gnusne detalje iz novina. Bio je sunčan dan; niko nije bio psihotičan ili zlonameran.

Sećam se jasno kako sam stajao pored šporeta i pržio komad slanine. Znao sam čak i tada da je ovo jedino takvo jutro koje će moja porodica imati – jutro kada ćemo svi biti normalni i ljubazni jedni prema drugima, znajući da volimo jedni druge bez ikakvih obaveza – i da ćemo vrlo uskoro (kako se i dogodilo) svi postati šašavi i udaljeni kao što sve porodice bez razlike postanu tokom vremena.

I bio sam na ivici da zaplačem, slušajući kako se svi šale i hrane psa ostacima jajeta; osećao sam nostalgiju za ovim trenutkom dok je on još uvek trajao. Sve vreme po podlakticama me je žarila vrela masnoća sa pržene slanine, ali nisam hteo da vičem. Za mene, ta žarenja nisu bila ni manje ni više prijatna od štipanja mojih sestara kada su pokušavale da izvuku istinu od mene koju od njih najviše volim – i upravo ta mala žarenja i miris slanine su ono što ću poneti sa sobom; to će biti moje sećanje na zemlju."

Tobajas se jedva uzdržava. Telo mu je nagnuto napred, kao kod deteta u kolicima u supermarketu koje čeka da zagrabi zaslađene pahuljice: „Znam koje je moje sećanje! Sada znam koje je!"

„Pa, *reci* nam ga, onda", reče Elvisa.

„Ovako –" (samo Bog zna šta će to biti) „Svakog leta u Takoma Parku" (Vašington. *Znao* sam da će radnja biti smeštena u gradu na istočnoj obali) „tata i ja bismo sklepali kratkotalasni radio koji mu je ostao iz 1950-ih. Raširili bismo žicu preko dvorišta pri zalasku sunca i zakačili je za lipu da služi kao antena. Probali bismo sve frekvencije, i ako je radijacija u Van Alen pojasu bila niska, onda bismo mogli da primimo signal skoro odasvud: iz Johanesburga, Ra-

---

Ultra-kratkoročna nostalgija: Nostalgija za izuzetno skorašnjom prošlošću: *„Bože, stvari su u svetu izgledalo mnogo bolje prošle nedelje."*

dio Moskvu, iz Japana, Pundžabija. Ali najviše bismo signala hvatali iz Južne Amerike, koji su prenosili onu čudnu opijajuću bolero-samba muziku iz sala u Ekvadoru, Karakasu i Riju. Muzika bi se slabo čula – slabo ali čisto.

Jedne večeri je mama izašla na terasu u roze letnjoj haljini, noseći bokal limunade. Tata ju je privio uz sebe i zaigrali su uz sambu, dok je mama još uvek držala bokal u ruci. Gunđala je, ali je uživala. Mislim da je uživala u toj mogućoj opasnosti koju je plesanju dodavala pretnja od slomljenog stakla. A čuli su se i cvrčci i zujanje iz trafo-stanice iza garaža, i moji iznenada mladi roditelji bili su tada samo moji – oni i ova slabašna muzika koja je zvučala kao rajska – daleka, jasna, s kojom je kontakt nemoguć – dolazeći iz tog bezličnog mesta gde je uvek bilo leto i gde su lepi ljudi uvek igrali i gde je bilo nemoguće nazvati telefonom, čak i da ste to hteli. E *to je* zemlja za mene."

Pa, ko bi pomislio da je Tobajas sposoban da ovako razmišlja? Moraćemo da uradimo novu procenu ovog momka.

„A sada ti moraš da mi ispričaš priču koju si obećala", reče Tobajas Elvisi, koju je to rastužilo, kao da mora da ispuni opkladu zbog koje je zažalila.

„Naravno. Naravno da hoću", reče. „Kler mi reče da vi ljudi nekad pričate priče, pa vam ova neće biti glupa. *Niko* ne sme da zbija šale, u redu?"

„Hej", rekoh, „to nam je uvek bilo jedno od osnovnih pravila."

PROMENI BOJU

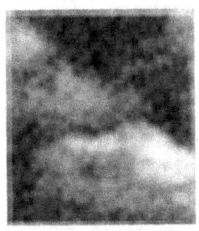

Elvisa započinje priču: „To je priča koju zovem 'Momak sa kolibri očima.' Pa vas molim da se svi zavalite i opustite, a ja ću vam je ispričati." ¶„Počinje u Talahasiju, Florida, gde sam odrasla. U susedstvu je živeo jedan dečko, Kertis, koji je bio najbolji drug mog brata Meta. Moja majka ga je zvala Lenji Kertis zato što se samo teglio kroz život, retko govoreći, u tišini žvaćući sendviče sa salamom, dugog i mršavog lica, i udarajući bejzbol lopte dalje od bilo koga drugog kad god je imao volju za to. Bio je *tako* divno tih. Tako *uspešan* u svemu. Ja sam, naravno, ludo obožavala Kertisa od prvog trenutka kada se kamion sa stvarima parkirao ispred naše nove kuće i ja ga ugledala kako leži na travnjaku kuće do naše i puši cigaretu, na koji prizor se moja majka skoro onesvestila. Možda je imao tek petnaest godina. ¶Ubrzo sam iskopirala sve u vezi sa njim. Najpovršnije sam iskopirala njegovu frizuru (koju i dan danas osećam neposredno pomalo njegovom), njegove šljampave majice, nedostatak govora i panterski hod. Kao i moj brat. I nas troje uživali smo u vremenu koje još uvek smatram najboljim periodom naših života, šetajući se predgrađem u kome smo živeli, naseljem koje se nekako nikad nije do kraja izgradilo. Igrali bismo se rata u tim tipskim kućama koje su ponovo zaposela drveta palme i mangrova i male životinje koje su se takođe tamo odomaćile: plašljivi armadili u ružičastim kadama ležali su na postelji od lišća; vrapci su proletali kroz ulazna vrata koja nisu vodila ničemu do vrelom belom zalivskom nebu; prozori su bili prekriveni zadimljenom španskom mahovinom. Mama se, naravno, užasavala aligatora, ali Lenji Kertis je rekao da ako bi neki pokušao da me napadne, on bi se porvao sa njim. I tako, naravno, ja nisam mogla da *dočekam* da naletim na nekog aligatora.

U našim ratnim igrama ja sam uvek bila Sestra Majers i morala sam da previjam Kertisove rane, koje su, kako je vreme proticalo, postajale sumnjivo skoncentrisane oko prepona, i zahtevale ‚lečenja' koja su postajala sve više i više složena. Propala spavaća soba duboko u Zaboravljenom naselju bila je naša mobilna bolnica. Meta bismo slali kući da donese hranu, čokoladne bombonice. U međuvremenu ja bih ritualno lečila Kertisove prepone po njegovim zamislima na osnovu uticaja koje je na njega ostavilo tabloidno štivo koje je gutao: ‚Herši čokoladna masaža iz Tripolija' i ‚Masaža u blatu kantinske radodajke iz Hanoja'. Jedino što je Kertis čitao bio je časopis *Soldžer ov Forčun*[1], a imena ovih procedura mi ništa nisu značila, sem godinama kasnije kada sam se zbog toga, iz tadašnje perspektive, kikotala.

Izgubila sam nevinost sa Kertisom tamo u toj snenoj, močvarnoj sobi, ali sam pri tom osećala to-

---

[1] Orig. Soldier of Fortune: plaćeni vojnik. Specijalizovan časopis za takvu vrstu čitalaca, sa motom „časopis za profesionalne avanturiste". (*Prim. prev.*)

liku ljubav da čak i *sada* mislim da sam imala više sreće od većine žena koje sam upoznala i čije sam priče o gubljenju nevinosti čula. Bila sam tako potpuno strašno privržena Kertisu, kao što to samo mlada-adolescent može da bude. I tako, kada se njegova porodica odselila kada sam imala petnaest godina, nisam mogla da jedem naredne dve nedelje. I, *naravno*, on mi nikad ni razglednicu nije poslao – što nisam ni očekivala od njega, to nije bio njegov stil. Bila sam izgubljena tako *dugo* bez njega. Ali život je išao dalje.

Prošlo je možda četrnaest godina pre nego što je Kertis postao bezbolno sećanje, i retko bih pomislila na njega – kada bih osetila sličan miris znoja na nekom strancu u liftu ili kada bih videla muškarce slične građe, najčešće momke nalik onima što stoje pored autoputa sa kartonskim natpisima Radim za hranu.

A onda se čudna stvar desila ovde u Palm Springsu pre nekoliko meseci...

Bila sam u Luksemburškoj banji. Čekala sam da napravim prezentaciju nekih proizvoda od aloje jednom od gostiju hotela i imala sam dovoljno vremena za to; ležala sam pored bazena, uživala u suncu, što je nešto što ljudi koji žive u lepim klimatskim oblastima retko čine. Ispred mene je sedeo čovek u rasklopivoj stolici, ali pošto sam došla na bazen sa suprotne strane, nisam obratila pažnju na njega, sem što sam primetila da ima lepu crnu kosu i zgodno telo. S vremena na vreme je klimao glavom gore-dole, a onda levo-desno, ali ne spastički, već više kao da mu se učini da krajičkom oka vidi nešto seksi, ali uvek pogreši.

U svakom slučaju, ta bogata riba, prava *Silvija* tip" (Elvisa sve bogate žene sa dobrim frizurama i odećom naziva *Silvija*) „izlazi iz zgrade banje potpuno afektirano u modernim cipelicama i Lagerfeld haljini, pravo ka ovom tipu ispred mene. Nešto mu je procvrkutala što nisam uspela da čujem a zatim zakačila malu zlatnu narukvicu oko zgloba njegove ruke koju joj je on pružio (govor tela) sa otprilike onoliko entuzijazma sa koliko bi je pružio da dobije vakcinu od nje. Ona poljubi ruku, reče ‚Budi spreman u devet', i zatim odgega.

U meni se probudi radoznalost.

Veoma hladnokrvno odšetah do bara pored bazena – gde si ti nekad radio, Endi – i naručih najotmeniji koktel ružičaste boje, zatim dolepršah do svoje stolice, kradomice odmeravajući tipa na putu nazad. Ali mislim da sam umrla na mestu onog trenutka kad sam shvatila ko je to. Naravno, bio je to Kertis.

Bio je viši nego što ga sam se sećala, i izgubio je sve dečačko salo koje je možda imao, a telo mu je izgledalo kao u mišićavog boksera, nalik onim klincima koji kupuju belilo za igle na Holivud bulevaru koji kao liče na nemačke turiste izdaleka, ali onda ih vidite izbliza i shvatite. U svakom slučaju, imao je svuda po telu guste bele ožiljke. I Bože! Imao je i nekoliko tetovaža. Krst je sijao sa unutrašnje strane njegove leve butine a lokomotiva je jurila preko njegovog levog ramena. Ispod lokomotive bilo je iscrtano slomljeno srce; buket od kocki za igranje i gardenija ukrašavao je drugo rame. Očigledno je svašta već pregurao u životu.

Rekoh, ‚Ćao, Kertise', a on me pogleda i reče, ‚Pa nek sam proklet! Pa to je Ketrin Li Majers!' Nisam znala šta dalje da kažem. Spustila sam piće i sela stegnutih nogu i pomalo fetalno na stolicu pored njega i zabuljila se i osećala toplinu. Nagnuo se i poljubio me u obraz, rekavši, ‚Nedostajala si mi, lutkice. Mislio sam da ću pre umreti nego te ikad više videti.'

Sledećih nekoliko minuta bili su suštinska sreća. Ali ubrzo sam morala da krenem. Zvala me je klijentkinja. Kertis mi je rekao šta radi u gradu, ali nisam shvatila detalje – nešto u vezi s nekim glumačkim poslom u Los Anđelesu (uh). Ali čak i dok smo razgovarali, klimao je glavom levo-desno gledajući ni sama ne znam u šta. Pitala sam ga šta gleda, a on je samo odgovorio ‚kolibre. Možda ću ti reći više večeras.' Dao mi je adresu (stana, ne hotela), i dogovorili smo se da idemo na večeru u pola devet te večeri. Nisam baš mogla da mu kažem, *Ali šta je sa Silvijom?*' zar ne, jer sam znala da sa njom ima nešto zakazano u devet sati. Nisam htela da ispadnem radoznala.

U svakom slučaju, dođe i tih pola devet, možda malo kasnije. Bila je to noć kad je bila ona oluja – je l' se sećate? Jedva sam stigla na datu adresu, ružno naselje sa stambenim zgradama izgrađeno 1970-ih, tamo blizu Reket klub puta u vetrovitom delu grada. Nije bilo struje, tako da nije bilo ni uličnog svetla. Ulice su bile preplavljene od kiše, a ja sam se spotakla penjući se uz stepenice jer nije bilo svetla. Stan, broj trista i nešto, bio je na trećem spratu, pa sam morala da se penjem kroz mrkli mrak, da, kada sam zakucala na vrata, niko ne bi odgovorio. Bila sam besna. I dok sam odlazila, povikala sam ‚*Ugasio si ga, Kertise Daneli*', na šta je, čuvši moj glas, on otvorio vrata.

Pio je. Rekao je da ne obraćam pažnju na stan, koji je pripadao njegovom prijatelju manekenu po imenu Leni. ‚Naravno, to mu nije pravo ime', reče, ‚znaš kakvi su ti manekeni.'

Ovo očigledno nije bio dečak iz Talahasija.

U stanu nije bilo nikakvog nameštaja, a zbog nestanka struje, ni svetla, izuzev rođendanskih svećica, kojih je nekoliko kutija pronašao u fijoci u Lenijevoj kuhinji. Kertis ih je palio jednu po jednu. Bilo je dosta mračno.

Jedva sam uspela da vidim da su zidovi prekriveni kolažom crno-belih modnih fotografija iscepanih (i to ne vrlo pažljivo, mogla bih da dodam) iz modnih časopisa. Soba je mirisala kao testeri parfema iz časopisa. Manekeni na fotografijama su uglavnom bili muškarci, napućenih usana, sa vanzemaljskim očima i čeličnim kostima koji su nam se cerili iz svih krajeva sobe. Pokušala sam da se pravim da ih ne primećujem. Posle dvadeset pete, lepiti po zidovima slike iz časopisa čini se jednostavno zastrašujuće.

,Izgleda da nam je suđeno da se uvek srećemo u primitivnim sobama, zar ne, Kertise?' rekoh, ali mislim da nije to povezao sa našom starom mobilnom bolnicom ljubavi. Seli smo na ćebad na podu blizu klizećih vrata i posmatrali oluju koja je napolju besnela. Popila sam na brzinu jedan viski da se ohrabrim, ali nisam htela ništa više od toga. Želela sam da zapamtim tu noć.

U svakom slučaju, vodili smo spor, zakržljao razgovor o ljudima iz detinjstva. Svako malo, kao što je slučaj sa napregnutim sećanjima, bilo je povremenih usiljenih osmeha, ali atmosfera je uglavnom bila dosadna. Mislim da smo se oboje pitali nismo li napravili grešku. Bio je pijano sentimentalan. Možda će uskoro zaplakati.

A onda se čulo lupanje na vratima. Bila je to *Silvija*.

‚Jebi ga, to je Kejt', prošaputa on. ‚Ne govori ništa. Neka se umori i odustane. Neka ode.'

Kejt je bila sila prirode s druge strane vrata u mračnom, mračnom hodniku. Svakako ne krotka mala Silvija koju sam videla tog popodneva. I đavo bi pocrveneo kada bi čuo kako je sve nazivala Kertisa, zahtevajući da je pusti unutra, optužujući ga da jebe sve što diše i ima novčanik, brzo se ispravljajući da jebe sve što ima samo *novčanik*. Tražila je nazad svoje ‚čari' i pretila da će poslati jednog od gorila svoga muža da mu sredi ‚onu preostalu orhideju.' Susedi, ako ne užasnuti, onda su svakako bili fascinirani.

Ali Kertis me je samo držao blizu sebe, ne rekavši ni reč. Kejt se na kraju umorila, glasno uzdahnula, a zatim bešumno otišla. Uskoro smo začuli škripu guma dok je odlazila sa parkinga zgrade.

Bilo mi je neprijatno, ali za razliku od komšija, mogla sam da utolim svoju radoznalost. Međutim, pre nego što sam mogla išta da pitam, Kertis mi reče, ‚Ne pitaj. Pitaj me nešto drugo. Bilo šta drugo. Ali ne *to*.'

‚Dobro', rekoh. ‚Pričajmo onda o kolibrima', na šta se on nasmejao i prevrnuo. Bilo mi je drago što je bar deo napetosti nestao. Onda je počeo da skida

pantalone, govoreći, ‚Ne brini. Ne *želiš* to da radiš sa mnom u svakom slučaju. *To* mi veruj, lutkice.' Onda, kada je bio go, raširio je noge i rukama obuhvatio prepone, rekavši, ‚Pogledaj'. I stvarno, tamo je bila samo jedna ‚orhideja'.

‚To se desilo u —' reče, a ja sam glupavo zaboravila ime zemlje, negde u Centralnoj Americi, mislim. On je to nazvao, ‚stanovi za poslugu.'

Legao je na ćebe, sa bocom viskija pored sebe i pričao mi o svom plaćeničkom ratovanju tamo dole. O disciplini i drugarstvu. O tajnim isplatama koje su mu davali ljudi sa italijanskim naglaskom. Konačno, opuštao se.

Pričao je sa nešto detalja svoje avanture, što mi je većinom bilo zanimljivo koliko i gledanje hokeja na ledu na televiziji, ali sam se dobro pravila zainteresovanom. Ali onda je počeo da pominje jedno ime više nego druge, *Arlo*. Arlo je, kako sam razumela, bio njegov najbolji drug, i nešto više od toga – štagod to muškarci postanu za vreme rata, i ko zna šta još.

U svakom slučaju, jednog dana su Kertis i Arlo bili u puškaranju, kada je borba postala opasna po život. Bili su primorani da leže na zemlji, kamuflirani, sa mitraljezima na gotovs uperenim ka neprijatelju. Arlo je ležao pored Kertisa i obojicu je svrbelo da zapucaju. Iznenada, jedan kolibri je počeo da nasrće na Arlove oči. Arlo ga je odgurnuo, ali je on i dalje nasrtao. A onda su tu bila dva a zatim *tri* kolibrija. ‚Šta to za ime boga rade?' upita Kertis, i Arlo objasni da neke kolibre privlači plava boja i da na nju nasrću pokušavajući da je sakupe kako bi sagradili gnezdo, i ono što su ovi pokušavali da urade jeste da naprave gnezdo sa Arlovim očima.

Tada Kertis reče, ‚Hej, i moje su oči plave —‛ ali Arlovi pokušaji da otera ptice privukli su neprijateljsku vatru. Napadnuti su. Tada je jedan metak pogodio Kertisove testise a drugi Arlovo srce, ubivši ga na mestu.

Ne znam šta se kasnije desilo. Ali sledećeg dana Kertis se pridružio ekipi za čišćenje, uprkos povredi, i vratio se na poprište da sakupi leševe. Ali kada su našli *Arlovo* telo, užasnuli su se kako samo neko ko redovno skuplja leševe može biti užasnut, ne zbog rana od metaka koje je imao (što je bio dosta uobičajen prizor), već zbog skrnavljenja njegovog tela – plavo meso Arlovih očiju bilo je iščupano iz beonjača. Domoroci su se prekrstili i opsovali, ali Kertis je samo sklopio Arlove kapke i poljubio jedno pa drugo. Znao je za kolibre; ali je to zadržao samo za sebe.

Bio je proglašen nesposobnim za vojsku tog dana, i do večeri već bio onemeo, u avionu nazad za Sjedinjene Države, gde je završio u San Dijegu. I u tom trenutku život mu postaje ništavilo. Tada se sve ono o čemu nije želeo da mi priča počelo dešavati.

‚Zato znači stalno gledaš okolo tražeći kolibre‛, rekoh. Ali to nije bilo sve. Ležeći tako na podu, osvetljen tužnim trojstvom rođendanskih svećica koje su isto tako osvetljavale fotografije mišićavih muškaraca na zidu sobe, počeo je da plače. O Bože, da *jeca*, zapravo. Nije plakao. Jecao je a ja sam samo mogla da stavim bradu na njegovo srce i slušam – slušam dok je brbljao kako ne zna šta se dogodilo sa njegovom mladošću, sa svim njegovim idejama o ljudima i dobroti, i da je postao pomalo otkačen robot. ‚Ne mogu čak sada ni da krenem u *porno* industriju zbog moje povrede. Ne ako želim dobro da zarađujem.‛

A posle nekog vremena prosto smo samo ležali i disali zajedno. Počeo je da mi priča, ali govor mu je bio nalik točku za rulet koji je skoro potpuno stao. ‚Znaš, lutkice', rekao je, ‚ponekad čovek može biti vrlo glup i otplivati suviše daleko na pučinu a da nema dovoljno snage da se vrati na obalu. Ptice ti se rugaju u tom trenutku, kada si tako daleko i prosto *plutaš*. Samo te podsećaju na kopno do koga više nikada nećeš stići. Ali *jednog* dana, ne znam *kad*, jedan od tih malih kolibra će doleteti i zaleteti se u *moje* male plave oči, a kad se to desi...'

Ali nikad mi nije rekao šta bi on uradio tada. To mu nije bila namera; umesto toga, on se onesvestio. Tada je već sigurno bila ponoć, a ja sam ostala da zurim u njegovo jadno telo, puno ožiljaka, uz svetlost rođendanskih svećica. Pokušala sam da smislim šta bih mogla da učinim za njega, bilo šta, i samo mi je jedna misao pala na pamet. Naslonila sam se grudima na njegove, poljubila ga u čelo, oslanjajući se na njegove tetovaže vozova, kockica, gardenija i slomljenih srca. I pokušala sam da ispraznim sadržaj svoje duše u njegovu. Zamislila sam da je moja snaga – moja duša – beli laserski snop koji svetli od mog srca ka njegovom, kao oni svetlosni pulsevi u staklenim žicama koji u sekundi mogu da ispumpaju milion knjiga do meseca. Ovaj snop je sekao kroz njegov grudni koš kao što snop seče kroz čelik. Kertis je mogao uzeti ili ostaviti ovu snagu koja mu je očigledno nedostajala – ali ja sam jednostavno htela da je ima kao rezervu. Dala bih *život* za tog čoveka, a te noći sam samo mogla da mu poklonim štagod da je ostalo od moje mladosti. Bez žaljenja.

U svakom slučaju, tokom te noći, kada je kiša prestala i dok sam ja spavala, Kertis je nestao iz sobe. I ukoliko nas sudbina ponovo ne spoji, u šta čisto sumnjam, pretpostavljam da je to bilo to za nas u ovom životu. Tamo je negde sada, možda baš dok ovo pričam, očne jabučice mu ključa mali dragulj vrata boje rubina. A znate šta će mu se desiti kada mu *stvarno* oči budu isključane? Imam predosećaj da, kad se to dogodi, vagoni voza će skrenuti u njegovoj glavi. I sledeći put kada mu neka *Silvija* zakuca na vrata, prići će im i *otvoriti* ih. Imam takav predosećaj."

Niko od nas ne progovara, i shvatamo po čemu će se Elvisa sećati zemlje. Na sreću, telefon je zazvonio u mom bungalovu i prekinuo trenutak, kako to samo zvonjava telefona može. Tobajas koristi trenutak da se povuče i ode do svog auta, a kada uđoh u bungalov da se javim na telefon, vidim ga kako se sagao i posmatra svoje oči u retrovizoru Nisana koji je iznajmio. Upravo tada shvatam da je sve gotovo između njega i Kler. Imam takav predosećaj. Javljam se na telefon.

ZAŠTO SAM SIROMAŠAN?

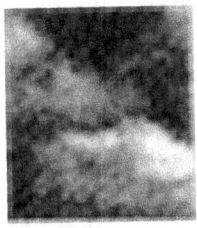

Na telefonu je princ Tajler iz Portlanda, moj mali brat, nekih pet godina mlađi; jesenji šafran naše porodice; dete ljubavi; razmaženo malo čudovište koje vraća mami makarone iz mikrotalasne i zahteva, „Deo u sredini je još hladan. Podgrej ga." (Moja druga dva brata, tri sestre ili ja bili bismo *klepnuti* po glavi zbog takve drskosti, ali takvi *Tajlerovi* baronski diktati samo naglašavaju njegove prinčevske moći.) ¶„Ćao, Endi. Hvataš li neke zrake?" ¶„Ćao, Tajlere. Pravo da ti kažem, *hvatam*." ¶„Previše kul, previše kul. Slušaj: Bil na kub, Svetski trgovinski centar, Lori, Džoana i ja dolazimo da odsednemo u praznom bungalovu kod tebe 8. januara na pet dana. Tada je Elvisov rođendan. Imaćemo Kraljofest. Je l' to nije problem?" ¶„Ne koliko ja znam, ali bićete skučeni tamo. Nadam se da vam ne smeta. Daj da proverim." (Bil na kub, zapravo Bil^3, su tri Tajlerova prijatelja, svi se zovu Bil; Svetski trgovinski centar su blizanci Morisi, obojica visoki metar i devedeset osam santimetara.) ¶Preturam po svom bungalovu, u potrazi za knjigom rezervacija (gazda me je zadužio za primanje rezervacija). Sve vreme razmišljam o Tajleru i njegovoj kliki – Globalni tinejdžeri, kako ih on naziva, iako većina njih ima više od dvadeset godina. Zabavno i zbunjujuće – neprirodno – čini mi se kako Globalni tinejdžeri, ili bar Tajlerovi prijatelji, žive život tako zajedno jedni sa drugima: idu u šoping, putuju, prepiru se, razmišljaju, i dišu, baš kao porodica Bekster. (Tajler se vrlo brzo, preko mene, sprijateljio sa Klerinim bratom Alanom, što nije bilo nikakvo iznenađenje.)

Kakva su klika zapravo ovi Globalni tinejdžeri? To je zastrašujuće. Nijedan od njih ne može da ode na Vaikiki na običan jednonedeljni odmor, na primer, a da im se ne priredi nekoliko ispraćajnih zabava, sve sa poklonima, na jednu od tri klasične teme studenata druge godine fakulteta: Vulgaran turista, Omiljena mrtva slavna ličnost, ili Toga žurka. A kada konačno stignu tamo, odmah započinju sa nostalgičnim telefonskim razgovorima: sentimentalni i zamršeni udarci detaljno strukturisanih trans-pacifičkih konferencijskih poziva koji se razmenjuju svakodnevno, kao da se veseli odmoraš uputio na Jupiter na trogodišnju misiju umesto na šestodnevno uživanje u preskupim mai tai-ma[1] u Kuhio ulici.

„Tajlerova grupa" može biti i stvarno vašljiva – ne koriste droge, ne koriste ironiju, samo umereno

---

[1] *Orig.* Mai Tai: vrsta koktela, na bazi ruma. (*Prim. prev.*)

Odlaganje ustanka: Tendencija u mladosti da se izbegavaju tradicionalno mladalačke aktivnosti i umetnička iskustva kako bi se steklo ozbiljno poslovno iskustvo. Nekad ima za posledicu oplakivanje izgubljene mladosti u dobi od trideset godina, posle čega slede glupave frizure i skupa šaljiva odeća.

konzumiraju piće, kokice, kakao i video trake petkom uveče. I raspojasana garderoba – *takva garderoba!* Zapanjujuća i skupa, koordinirana sa suptilnom prefinjenošću, i sastavljena samo od najboljih marki. Atraktivna. A mogu da je sebi priušte jer, kao i većina prinčeva i princeza Globalnih tinejdžera, svi žive kod kuće, u nemogućnosti da sebi priušte ono malo uludo precenjenih stanova što postoji u gradu. Tako da sav njihov novac završava na njihovim leđima.

Tajler je kao onaj stari lik sa televizije, Deni Partridž, koji nije želeo da radi kao pomoćnik u bakalnici već je hteo da počne kao vlasnik čitave prodavnice. Tajlerovi prijatelji poseduju nebulozne, nekurentne ali zabavne talente – kao na primer, moći kuvati stvarno izuzetnu kafu ili posedovati stvarno izuzetno kvalitetnu kosu (oh, treba samo da vidite Tajlerovu zbirku šampona, gelova i balzama za kosu!).

Oni su fini klinci. Niko od njihovih roditelja se ne može žaliti. *Živahni* su. Prihvataju i veruju u pseudo-globalizam i lažnu rasnu harmoniju iz reklamnih kampanja koje su osmislili tvorci bezalkoholnih pića i džempera dizajniranih uz pomoć kompjutera. Mnogi žele da rade za IBM kada im se životi završe u dvadeset petoj godini (*„Izvinite, možete li mi reći nešto više o vašem penzijskom osiguranju?"*). Ali na neki mračni i nedefinisani način, ovi klinci istovremeno predstavljaju Dau, Junion Karbajd, Dženeral Dajnemiks[1] i vojsku. I pretpostavljam da, za razliku od Tobajasa, kada bi se njihov Erbas srušio na lede-

---

[1] *Orig.* Dow, Union Carbide, General Dynamics. Prve dve su vodeće američke tehnohemijske korporacije, dok se treća bavi namenskom industrijom. (*Prim. prev.*)

nu visoravan u Andima, oni uopšte ne bi prezali da pojedu mrtve putnike. To je samo moja teorija.

U svakom slučaju, bacivši pogled na bazen dok sam tražio knjigu rezervacija, ustanovih da tamo više nema nikoga. Začuh kucanje na vratima i Elvisa brzo proturi glavu unutra, „Htela sam samo da se pozdravimo, Endi."

„Elvisa – brat mi je na liniji, međugradski poziv. Možeš li da sačekaš sekundu?"

„Ne. Ovako je najbolje." Poljubi me u koren nosa, između očiju. Vlažan poljubac koji me podseti da devojke poput Elvise, spontane, pomalo jeftine, ali bez sumnje žive, iz nekog razloga nikad ne budu intimne sa uštogljenim, bezličnim momcima kakav sam ja. „Ćao, bambino", reče. „*Ova* mala napolitanska beskućnica odlazi odavde."

„Vraćaš li se uskoro?" vičem, ali je ona već zašla za žbun ruža, i vidim je kako ulazi u Tobajasova kola.

Aha.

Vraćam se telefonu: „Ćao, Tajlere. Osmi je u redu."

„Dobro. Pričaćemo o detaljima za Božić. *Dolaziš*, zar ne?"

„Nažalost, oui.[1]"

---

[1] *Francuski:* da. (*Prim. prev.*)

Upadljiv minimalizam: Taktika životnog stila slična *Zameni statusa*. Neposedovanje materijalnih dobara se ističe kao znak moralne i intelektualne nadmoći.

Minimalizam kafića: Prihvatanje filosofije minimalizma bez stvarnog realizovanja u praksi ijedne od njegovih postavki.

„Mislim da će biti mnogo uvrnuto ove godine, Endi. Bolje bi ti bilo da imaš neki izlaz za slučaj nužde. Rezerviši pet različitih datuma za povratak. A, i kad smo već kod toga, šta bi *želeo* za Božić?"

„Ništa, Tajlere. Rešio sam da se otarasim svih stvari iz svog života."

„Brinem se za tebe, Endi. Uopšte nisi ambiciozan." Mogu da čujem kako pije jogurt s druge strane žice. Tajler želi da radi za neku ogromnu korporaciju. Što veća to bolje.

„Nema ničeg čudnog u tome ako ništa ne želiš, Tajlere."

„Neka ti bude, onda. Samo se pobrini da *ja* dobijem sve blago kojeg se rešavaš. I pobrini se da to bude *polo*."

„Ja sam zapravo mislio da ti ove godine poklonim nešto minimalističko, Tajlere."

„Ha?"

„Nešto kao neki lepi kamen ili kostur kaktusa."

Tišina na drugom kraju veze. „Je l' se ti to drogiraš?"

„Ne, Tajlere. Mislio sam da bi predmet jednostavne lepote bio sasvim prikladan. Sada si već dovoljno star."

„Smehotresan si, Endi. Pravi komedijaš. Kravata od ripsa i čarape biće *savršen* poklon."

O'proprijacija: Uključivanje žargona iz reklamiranja, pakovanja i zabavne industrije iz prethodnih perioda u svakodnevni govor radi ironičnog i/ili komičnog efekta: *„Ketlinina zabava o Omiljenim mrtvim slavnim ličnostima bila je strašno zabavna"* ili *„Dejv zaista misli da je otkačen, luckast i impulsivan momak, zar ne?"*

Neko mi je pozvonio na vrata, a zatim se Dag ušetao. Zašto niko nikad ne sačeka da otvorim vrata? „Tajlere, neko mi zvoni na vratima. Moram da idem. Vidimo se iduće nedelje, u redu?"

„Cipele broj četrdeset pet, struk sedamdeset šest santimetara, vrat četrdeset."

„Adios".[1]

---

[1] *Španski:* zbogom. (*Prim. prev.*)

SLAVNE LIČNOSTI UMIRU

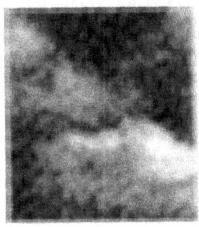

Prošlo je nekih tri sata od Tajlerovog poziva, i ljudi me danas stvarno dovode do ludila. Jednostavno ne mogu s tim da se bakćem. Hvala Bogu, radim večeras. Ma koliko bio jadan, ma koliko bio sumoran, ma koliko se ponavljao, posao me drži na mestu. ¶Tobajas je odvezao Elvisu kući ali se nije vratio. Kler odbacuje s podsmehom pomisao da su njih dvoje završili u krevetu. Izgleda da zna nešto što ja ne znam. Možda će kasnije odati tajnu. ¶I Dag i Kler se dure na kaučima, ne razgovarajući jedno sa drugim. Nemirno ljušte kikiriki, bacajući ljuspe u prepunu pepeljaru sa Svetskog sajma u Spokejnu iz 1974. godine. (Na tom sajmu je stalno padala kiša, a jedna od atrakcija bile su zgrade napravljene od otvarača konzervi gaziranih pića.) ¶Dag je ljut jer mu Elvisa nije danas posvetila ni trunčicu pažnje, a Kler još uvek odbija da se vrati u svoju kuću zbog plutonijuma. Priča sa zagađenjem joj je smetala više nego što smo mislili. Tvrdi sada da će ostati da živi sa mnom na neodređeno vreme: „Radijacija je otpornija čak i od gospodina Frenka Sinatre, Endi. Ostajem ovde na duže vreme." ¶Kler je, međutim, odlazila u istraživačke pohode do svoje kuće – na ne duže od pet minuta u cugu dnevno – kako bi uzela svoje stvari. Prvi put je bila plašljiva kao srednjovekovni seljak koji je ulazio u grad na ivici pomora od kuge, mašući mrtvom kozom kako bi oterao zle duhove.

„Kakva hrabrost", brecnu se Dag, na šta ga Kler ljutito pogleda. Kažem joj da preteruje. „Kuća ti je *blistavo čista*, Kler. Ponašaš se kao tehno-seljak."

„Vas dvojica se smejte koliko hoćete, ali nijednom od vas nije Černobil u dnevnoj sobi."

„Istina."

Ispljunu mutirani mali kikiriki i uzdahnu. „Tobajas je otišao zauvek. Osećam. Zamislite to, najzgodnije ljudsko telo s kojim sam ikad bila u kontaktu – hodajući orgazam – zauvek otišao."

„Ne bih rekao, Kler", kažem ja, iako i sâm znam da je u pravu. „Možda je samo negde svratio da nešto pojede."

„Ma daj, Endi. Prošlo je već tri sata. A poneo je i torbu. Jednostavno *ne mogu* da shvatim zašto je tako iznenada otišao."

Ja mogu.

Dva psa, u međuvremenu, gladno bulje u kikiriki koji Dag i Kler ljušte.

„Znate koji je najbrži način da se rešite pasa koji vas mole za hranu dok večerate?" pitam, na šta oni samo nešto promrmljaše. „Dajte im parče šargarepe ili maslinu umesto mesa, i dajte im to ozbiljna lica. Pogledaće vas kao da ste poludeli i nestaće za par sekundi. Doduše, možda posle toga neće imati tako dobro mišljenje o vama."

Vazdušna porodica: Opisuje lažni osećaj zajedništva koji osećaju kolege u radnom okruženju.

Kler me je ignorisala. „Naravno, to znači da ću morati da idem za njim u Njujork." Ustade i krenu ka vratima. „Izgleda da ću ove godine imati beli Božić, momci. *Bože*, opsesije su grozna stvar." Posmatra svoje lice u ogledalu koje stoji pored vrata. „Nemam još ni trideset a gornja usna je već počela da mi se skuplja. Nema nade za mene." Odlazi.

„Zabavljao sam se sa tri žene u životu", kaže moj šef i prvi komšija, gospodin Mekartur, „a oženio sam se sa dve od njih tri."

Kasnije te večeri kod Larija. Dvojica kretena koja prodaju nekretnine pevaju šlagere na mikrofonu naše pevačice Lorejn, koja je trenutno na pauzi od pevanja i sviranja na klavijaturama, i ispija belo vino na kraju bara, dok se oko nje oseća miris tužnog glamura. Noć je loša; nikakav bakšiš. Dag i ja brišemo čaše, što me začuđujuće odmara, i slušamo gospodina M kako priča svoje štosove. Pothranjujemo njegovu govorljivost; to je kao da gledate specijalnu TV emisiju Boba Houpa ali uz učešće gledalaca. Nikad nije smešan, ali je *smešan*.

Vrhunac večeri bio je kada je postarija propala Za Za povratila kišu koktela na tepih pored kompjuterske igrice. To se ovde retko događa; Larijeva

PONOVO IZMISLITE SREDNJU KLASU

klijentela, iako marginalizovana, ima jako izražen osećaj za lepo ponašanje. Ono što je bilo istinski zanimljivo kod ovog događaja, međutim, dogodilo se malo posle toga. Dag reče, „Gospdine M! Endi! Dođite i pogledajte —" Tamo, među platonskim oblicima od kukuruza i špageta na tepihu bilo je oko trideset polusvarenih kapsula želatina. „Aha. Ako se *ovo* ne računa kao kvadrat na bingo karti života, ne znam onda *šta* bi se računalo. Endru, pozovi hitnu pomoć."

To je bilo pre dva sata, i posle testosteronskog ćaskanja sa hitnom pomoći i hvalisanja medicinskim znanjem („Pa", kaže Dag, „možda neko sredstvo za ispiranje želuca?"), sada slušamo istoriju ljubavnog života gospodina M – šarmatna priča o tome kako se čuvao za prvu bračnu noć, prepuna nevinih prvih, drugih i trećih sastanaka, posle kojih bi skoro odmah usledio brak, a odmah potom i previše dece.

„A šta je sa onom devojkom kojom se *niste* oženili?" pitam.

„Ukrala mi je auto. Forda. Zlatnog. Da to nije uradila, verovatno bih se i njom oženio. Nisam tada mnogo znao o izbirljivosti. Samo se sećam kako sam drkao ispod stola deset puta dnevno i razmišljao kako bi devojka s kojom idem na sastanak bila uvređena ako se sastanak ne bi završio brakom. Bio sam usamljen; živeo sam u Alberti. Tada nismo imali MTV."

Kler i ja smo upoznali gospodina i gospođu M, „Fila i Ajrin", jednog dražesnog dana pre nekoliko meseci kada smo pogledali preko ograde i naleteli na kužne oblake dima i srećni povik gospodina M koji je nosio kecelju sa natpisom VEČERA JE NA STOLU.

Odmah su nas pozvali da im se pridružimo i gurnuli nam u ruke piće i „Ajrin pljeskavice". Baš je bilo zabavno. I malo pre nego što je gospodin M izašao u dvorište noseći ukulele, Kler mi je šapnula, „Endi, osećam da postoji velika verovatnoća da uzgajaju činčile u sporednoj zgradi." (Uzgajivači činčila jedu šnicle!)

Do dana današnjeg, Kler i ja samo čekamo da nas Ajrin povuče u stranu i skriveno nam poveri ispovest o kozmetičkim proizvodima koje predstavlja i zalihama koje ima u garaži poput toliko hiljada neželjenih, neudomljivih mačića. „Dušo, laktovi su mi bili poput *kore drveta* pre nego što sam probala ovaj preparat."

Njih dvoje su fini. Pripadaju generaciji koja veruje da kafane treba da budu slabo osvetljene i ledeno hladne (do đavola, oni zapravo veruju u *kafane*). Nos gospodina M prekriven je bledom paukovom mrežom vena, one vrste za koje domaćice iz Las Palmasa puno plaćaju da ih se reše sa svojih nogu. Ajrin *puši*. Oboje nose trenerke koje kupuju na rasprodajama – otkrili su svoja tela suviše kasno u životu. Odgajani su tako da ignorišu svoja tela i to je pomalo tužno. Ali i to je bolje nego da ih uopšte nisu otkrili. Oni su umirujući.

Mi smo mišljenja da Ajrin i Fil žive u večnim 1950-im. I dalje veruju u budućnost sa čestitki. Imam

---

AVrpoljenje: Nelagoda koju osećaju mladi pored starih ljudi koji ne shvataju ironiju njihovih postupaka. *Karen je umrla od blama dok je njen otac pravio predstavu oko testiranja skorije napunjene boce vina pre nego što je dozvolio da se sipa svim članovima porodica dok su večerali u običnoj kafani.*

na umu njihovu preveliku čašu za konjak prepunu šibica kada pričam viceve o prevelikim-čašama-za-konjak-prepunim-šibica. Ova čaša stoji na stolu u dnevnoj sobi, genetskoj lokaciji za uramljene fotografije Mekarturovih potomaka, uglavnom unuka, sa neproporcionalnim frizurama u stilu Fare, žmirkajući zbog novih kontaktnih sočiva i izgledajući nekako predodređeni za bizarne smrti. Kler je jednom kradom pogledala pismo koje je stajalo na stočiću u uglu, i seća se da je pročitala rečenicu u kojoj se žalostivo opisuje kako je vatrogascima trebalo dva i po sata da dopru do jednog Mekarturovog potomka zarobljenog u prevrnutom traktoru.

Tolerišemo blage rasističke smicalice Ajrin i Fila i sitne grehe kojima uništavaju planetu („Nikad ne bih mogao da vozim nijedna kola manja od mog Katles Suprima") jer njihovo postojanje deluje kao umirujuće sredstvo u inače pomalo-van-kontrole svetu. „Ponekad", kaže Dag, „predstavlja mi pravi problem da se setim je li neka slavna ličnost mrtva ili ne. Ali onda shvatim da to i nije važno. Ne želim da zvučim kao lešinar, ali tako se nekako osećam i prema Ajrin i Filu – *ali u najboljem smislu*, naravno."

U svakom slučaju...

Gospodin M počinje da priča vic da bi zabavio Daga i mene: „Ovo će vas dotući. Sede tri starca Jevreja na plaži na Floridi – (rasistički vic ovog puta) – razgovaraju, i jedan od njih upita drugog, *„Odakle ti lova da možeš da živiš na Floridi kad si otišao u penziju?"* a tip odgovara, *„Pa, izbio je požar u mojoj fabrici. Gadna stvar, ali na sreću bio sam osiguran protiv požara."*

Dobro. Onda upita drugog tipa odakle njemu novac da živi Majami Biču otkako se penzionisao, i drugi tip odgovori, *"Čudno, ali baš kao i kod mog prijatelja, i u mojoj fabrici je izbio požar. Hvala Bogu, bio sam osiguran."*

U tom trenutku Dag se glasno nasmeja i ritam pričanja vica je poremećen, i leva ruka gospodina M, kojom je brisao unutrašnjost pehara za pivo otrcanom krpom, prestade da se kreće. „Hej, Dag", reče gospodin M.

„Da?"

„Kako to da se uvek smeješ mojim vicevima i pre nego što ispričam poentu?"

„Molim?"

„K'o što sam rekao. Uvek počneš da se cerekaš u sredini mojih viceva, kao da se smeješ *meni* a ne *vicu*." Nastavlja da briše staklo.

„Hej, gospodine M, ne smejem se *vama*. Vaša *gestikulacija* je smešna – izrazi vašeg *lica*. Imate osećaj za vreme kao pravi profesionalac. Izazivate salve smeha."

Rekreativno srozavanje: Praksa učestvovanja u rekreativnim aktivnostima klase koju osoba smatra nižom od sopstvene: *„Karen! Donalde! Hajdemo na kuglanje večeras! I ne brinite za cipele... izgleda da mogu da se iznajme."*

Konverzacijsko srozavanje: Samosvesno uživanje u određenom razgovoru upravo zbog nedostatka intelektualne oštrine u njemu. Jedna od glavnih podgrupa *Rekreativnog srozavanja*.

Profesionalno srozavanje: Prihvatanje posla debelo ispod sopstvenih veština ili nivoa obrazovanja kao način da se izvuče iz odgovornosti odraslih i/ili izbegne mogući neuspeh u sopstvenoj profesiji.

Gospodin Mekartur se primi na ovo. „Okej, ali nemoj me smatrati za cirkusku mečku, u redu? Poštuj me. Ja sam osoba, a i dajem ti platu." (Ovaj poslednji komentar je izgovorio kao da je Dag potpuni zatvorenik ovog živopisnog ali neperspektivnog Poslića.)

„Gde sam stao? A da, i tako se ova dvojica okrenuše ka tipu koji je postavljao pitanja, i upitaše ga, ‚A šta je s tobom? Odakle tebi novac da provodiš penziju ovde na Floridi?' A on im odgovori, ‚Kao i u vašim slučajevima, došlo je do nesreće u mojoj fabrici. Dogodila se poplava i sve sravnila sa zemljom. Na sreću, naravno, bio sam osiguran.'

Dvojica tipova izgledaju zaista zbunjeni, a onda jedan od njih upita trećega, ‚Imam samo jedno pitanje za tebe. Kako si udesio da dođe do poplave?'"

Stenjanje. Gospodin M izgleda zadovoljan. Prolazi pored bara, čija je površina, poput uskog potkovičastog poda oko ve-ce šolje alkoholičara, izgleda kao površina meseca od izgorelih mesta od pikavaca. Prelazi preko ružičasto-narandžastog tepiha, koji miriše na cimet od dezodoransa, i zaključava ulazna vrata. Dag me značajno pogleda. Značenje? *Zaista moram da budem obazriviji sa cerekanjem ubuduće.* Ali mogu da vidim da je Dag, kao i ja, rastrzan između samodopadnog uživanja u ostacima bizarnog pričanja viceva iz ere gospodina Mekartu-

---

Anti-žrtva uređaj: Mali modni detalj na inače konzervativnoj odeći koji objavljuje svetu da osoba i dalje poseduje iskru individualnosti koja u njoj izgara: *retro kravate i minđuše iz 1940-ih (na muškarcima), feministička dugmad, minđuše za nos (za žene), i sada skoro sasvim izumrla „repići" frizura (na oba pola).*

ra, i pustoši života buduće civilizacije prepune mrzovoljnih neduhovitih japija bez imalo aure i bez viceva u stila Boba Houpa.

„Možda je bolje da u njima uživamo dok ih još ima, Endi", reče. „Hej, hajde da krenemo. Možda je Kler sad bolje volje."

Sab nije hteo da upali. Na smenu je ispuštao tuberkulozne napade kašlja i zbunjeno kašljucanje, odajući utisak malog deteta koje na smenu ima napade demonskog zaposedanja i iskašljavanja delova hamburgera. Gost motela pored parkinga kod Lerija viče da odjebemo sa zadnjeg prozora, ali njegova tirada nam neće upropastiti ovu divnu pustinjsku noć dok smo primorani da opet idemo kući pešice. Gladak prohladan vazduh struji mi preko kože poput suvog porcelanskog mulja, a isuviše strme planine izgledaju kao da su posute ćilibarom, kao na podvodnoj fotografiji broda Andrea Dorija[1]. Ima tako malo zagađenja da je perspektiva izobličena; planine žele da se razbiju o moje lice.

Majušna svetla od magnezijumovih niti okružuju palme duž autoputa broj 111. Njihovo lišće šušti, unoseći svež vazduh za bezbroj blago dremljivih ptica, pacova i vitica bugenvilije koji su bili zakopani u njima.

Zavirujemo u izloge radnji koje reklamiraju rasprodaje fluoroscentnih kupaćih kostima, planera, odvratnih apstraktnih slika koje izgledaju kao zgažene životinje kraj autoputa prekrivene svetlucavim sjajem. Vidim šešire, dragulje i pite – tako dražestan plen, koji moli za pažnju kao dete koje još uvek

---

[1] *Orig.* Andrea Doria. Italijanski prekookeanski brod koji je potonuo 1956. godine u blizini Nentaketa, Masačusets, zbog sudara sa drugim brodom, švedskim Stokholmom. (*Prim. prev.*)

ne želi da ide u krevet. Želim da rasporim sopstveni stomak i iskopam oči kako bih natrpao ove prizore u sebe. Zemlja.

„Večeras obojica izgledamo kao blizanci idioti prodavca kola iz Indijane", reče Dag o našim super kul Bob Houp klasičnim golferskim vindjaknama svetloplave boje sa belim šeširima za sunce, „ili par lutalica – sa bezbožnim i ubilačkim mislima u srcima. Sam izaberi."

„Ja lično mislim da izgledamo bezveze, Dag."

Autoput broj 111 (takođe poznat pod imenom Palm Kenjon Drajv) je gradska glavna štrafta i večeras je iznenađujuće pust. Nekoliko plavuša(na) (ne može im se odrediti pol) iz Okruga Orindž lutaju bezizražajno tamo-amo u svojim super modernim Folksvagenima, dok kratko ošišani marinci u izudaranim El Kaminima koče uz škripu kočnica, ali se nikad ne zaustavljaju. U ovom gradu i dalje preovladava kultura automobila, i u noći kada je saobraćaj gust, oseća se, kako se Dag pravilno izrazio, „kao da ste u Dejtoni, mestu sa velikim sisama, hamburgerima i milk šejkovima, gde klinci u go-go čizmama i azbestnim jaknama jedu pomfrit u kafanskim separeima od narandžastog vinila u obliku automobilske gume."

Skrećemo za ugao i nastavljamo da hodamo.

„Zamisli, Endru: pre 48 sati ovaj mali Dagster je bio u Nevadi", nastavlja, sedajući na haubu zaslepljujuće skupog zelenog Aston Martin kabrioleta, paleći cigaretu sa filterom. „Zamisli to."

Skrenuli smo sa glavne štrafte, nalazimo se u neosvetljenoj sporednoj ulici gde je Dagovo skupoceno „sedište" glupavo parkirano. Na zadnjem sedištu Aston Martina nalaze se kartonske kutije pune papira, odeće i raznog đubreta, nalik na ono što bi neki računovođa dao na rasprodaju. Izgleda kao da se neko spremao da u velikoj brzini pobegne iz grada. Što i nije neverovatno u *ovoj* varoši.

„Prespavao sam u malom porodičnom motelu u nekoj nedođiji. Zidovi su bili prekriveni lamperijom, lampama iz pedesetih i crtežima jelena..."

„Dag, sklanjaj se s tog auta. Osećam se nelagodno ovde."

„... i osećao se miris onih malih ružičastih motelskih sapuna. Bože, obožavam miris tih sapunčića. Tako je kratkotrajan."

Užasnut sam: Dag buši rupe na krovu automobila svojim opuškom. „Dag! Šta to radiš – prestani! Ne počinji *opet*."

„Endru, utišaj *glas*. Molim te. Budi kul."

„Dag, ovo je previše za mene. Moram da idem." Spremam se da odem.

Dag je, kao što sam već rekao, vandal. Pokušavam da razumem njegovo ponašanje, ali mi to ne polazi za rukom; prošlonedeljno grebanje po Katles Suprimu bilo je samo jedan u nizu takvih incidenata. Izgleda da se ograničava samo na vozila koja imaju stikere na branicima koje on smatra odbojnim. I tako, kada sam pogledao zadnji deo ovog automobila, video sam stiker sa tektstom PITAJ ME ZA MOJE UNUKE.

„Vraćaj se ovamo, Palmeru. Prestaću. Za sekundu. A pored toga, želim da ti ispričam jednu tajnu."
Zaustavljam se.
„To je tajna o mojoj budućnosti", reče. I protiv svoje volje, vraćam se nazad.
„To je tako *glupo*, tako progorevati krov, Dag."
„O'ladi, momak. Ovako nešto je manji prekršaj. Statut broj 594 Krivičnog zakonika Kalifornije. Manja packa. A osim toga, niko nas ne vidi."
Rukom sklanja pepeo sa progorele rupe. „Želim da posedujem hotel u Bahi, Kalifornija. I mislim da sam bliže ostvarenju te želje nego što ti misliš."
„Šta?"
„To želim da radim u budućnosti. Da imam hotel."
„Sjajno. Hajdemo sad."
„Ne", pali još jednu cigaretu, „ne pre nego što ti opišem moj hotel."
„Samo *požuri*."
„Želim da otvorim hotel u mestu San Felipe. Nalazi se na istočnoj strani poluostrva Baha. To je malo mesto okruženo samo peskom, napuštenim rudnicima uranijuma i pelikanima, gde se svi bave lovom na škampe. Otvorio bih mali hotel samo za prijatelje i ekscentrike, a zaposlio bih samo starije meksičke žene i božanstveno zgodne serferski i hipi tipove momaka i devojaka kojima je mozak postao šupljikav kao švajcarski sir od silnih droga koje su uživali. Imao bih bar, gde bi svi heftali biznis kartice i novac za zid i tavanicu, i gde bi jedino osvetljenje dolazilo od sijalica od deset vati sakrivenih iza kostura kaktusa na tavanici. Noći bismo provodili ispirajući jedni drugima cinkovu mast iz noseva, ispijajući pića od ruma, i pričajući priče. Ljudi koji bi pričali dobre priče mogli bi besplatno da odsednu.

Nikom neće biti dozvoljeno da koristi toalet ukoliko ne ispiše neki smešni vic na zidu. I zidovi u svim sobama bili bi prekriveni lamperijom, i, kao suvenir, svako bi dobio mali sapun. "

Moram da priznam, Dagov hotel zvuči očaravajuće, ali isto tako želim da pođem. „To je sjajno, Dag. Hoću da kažem, ideja ti *je* stvarno super, ali hajdemo sad odavde, u redu? "

„Pa, dobro. Ja..." Pogleda dole na rupu koju je progoreo cigaretom dok sam mu ja bio okrenut leđima. „Opa..."

„Šta je bilo?"

„Uh, sranje."

Ispao je deo žara sa cigarete, i upao u kutiju sa papirima i pomešanim smećem u kolima. Dag skače sa automobila i obojica zurimo začarani u crvene vrele pramičke plamena koji se naziru kroz stranice novina, odaju utisak kao da će nestati, a zatim se uz snažan zvuk čitava kutija zapalila, brzo poput psećeg laveža, osvetljavajući naša užasnuta lica sa trenutnim žutim rugalačkim svetlom.

„O, Bože!"

„Briši!"

Već sam pobegao. Nas dvojica jurimo niz ulicu, sa srcem u petama, okrećući se samo jednom kad smo se već dobrano udaljili, a i tad samo na tren, da bismo ugledali najgori mogući rezultat – Aston Martin prekriven ružičastim plamenom u zapaljivoj ekstazi, curećí svuda po ulici.

„Sranje, Belinghauzenu, ovo je najgluplji jebeni štos koji si ikad napravio", i nastavismo da trčimo, ja ispred Daga, konačno su mi se isplatili oni časovi aerobika.

Dag je skrenuo za ugao iza mene kada začuh prigušen glas i udarac. Okrenuh se i ugledah kako je

Dag naleteo na Skipera, od svih ljudi, skitnicu iz doline Morongo, koji nekad visi kod Lerija (a dobio je nadimak zbog šešira koji nosi, koji je isti kao u kapetana broda iz popularne TV serije)[1].
„Ćao, Dag. Je li bar zatvoren?"
„Ćao, Skipe. Naravno. Imam važan randes. Moram da žurim", reče, već se udaljavajući i pokazujući prstom ka Skiperu kao japi koji neiskreno obećava da ga pozove na ručak.

Mnogo dalje konačno stajemo iznureni, bez daha, ispuštajući škripuće krike. „*Niko* ne sme da sazna za ovaj mali gaf, Endru. Razumeš? Niko. Ni Kler."
„Je l' izgledam kao da su mi vrane popile mozak? Gospode."
Uf, uf, uf.
„A šta ćemo sa Skiperom", pitam, „misliš da će provaliti šta se desilo?"
„On? Nee. Njegov se mozak davno pretvorio u bušni karburator."
„Jesi siguran?"
„Da." Dođosmo ponovo do daha.
„Brzo. Kaži mi deset mrtvih crvenokosih", zahteva Dag.
„Šta?"
„Imaš pet sekundi. Jedan. Dva. Tri —"
Konačno kapiram. „Džordž Vašington, Deni Kej —"
„On nije umro."
„Jeste."
„Dobro. Dobijaš bonus poene."
Ostatak šetnje do kuće nije tako zabavan.

---

[1] Misli se na vrlo popularnu komičnu TV seriju iz 1960-ih, *Giliganovo ostrvo* (orig. Gilligan's Island). (*Prim. prev.*)

NISAM LJUBOMORAN

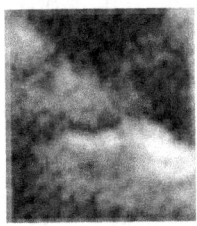

Izgleda da je Elvisa sela na kučence ovog popodneva pošto je otišla sa našeg bazena (moderna šifra: *sela na Grejhaund autobus*[1]). Putovala je četiri sata na severozapad do obale kod Santa Barbare kako bi počela da radi na novom poslu, pazite ovo, kao baštovanka u jednom rasadniku. Zapanjeni smo, zaista zapanjeni ovom vešću. ¶„Pa", okleva Kler, „nije to pravi rasadnik, per se. Žene nose te vrećaste kabanice boje uglјena – tako japanski! – i sve imaju kratku kosu. Videla sam to u brošuri. I u svakom slučaju, ona samo *plevi baštu*." ¶„*Brošuri?*" Kakav užas. ¶„Pa, presavijeni letak koji su poslali Elvisi zajedno sa pismom u kojem je obaveštavaju da je primljena." (Blagi Bože —) „Videla je oglas za posao na oglasnoj tabli lokalne crkve; kaže da želi da razbistri glavu. Ali pretpostavljam da možda veruje da bi Kertis mogao proći tuda, a ona želi da bude u blizini ako se to desi. Ta žena tako *dobro* ume da čuva tajne koje želi da ostanu tajne." ¶Sada sedimo u mojoj kuhinji, ljuljuškajući se na barskim stolicama

---

[1] *Orig.* Greyhound = hrt. U tekstu se misli na firmu Grejhaund, jednog od najvećih međugradskih autoprevoznika u SAD. (*Prim. prev.*)

od izgorele borovine sa nogarama koje su nagrizli psi i ružičastim sedištima. Ove sam stolice dobio gratis iz nekako ogorčene rasprodaje stvari iz jednog stana u Palo Fijero ulici prošlog meseca. ¶Da bi napravio atmosferu, Dag je stavio jeftinu crvenu sijalicu na sto i meša grozna pića groznih imena koje je naučio od tinejdžera koji su zaposeli Palm Springs tokom prošlogodišnjeg prolećnog raspusta. (Silovanje na sastanku, Hemoterapija, Obezglavljene zvezde škole – ko *smišlja* ovakva imena?)

Garderoba za veče je odeća za pričanje priča za laku noć: Kler u flanelskoj kućnoj haljini ispresecanoj izgorelim rupama od cigareta, Dag u „Lord Tajron" ružičastoj pidžami od viskoze sa „kraljevskim" uzicama od lažnog zlata, a ja u mekoj kariranoj košulji i dugačkim gaćama. Izgledamo zbrkano, k'o sastavljeni s konca i konopca, i luckasto. „Zaista *moramo* da uskladimo naša poimanja mode", reče Kler.

„Posle revolucije, Kler. Posle revolucije", odgovori Dag.

Nutriciono srozavanje: Hrana u kojoj se uživa ne zbog njenog ukusa već zbog složene mešavine signala nostalgije klasne konotacije i semiotike pakovanja: *Kejti i ja smo kupili kutiju veštačke umesto prave slatke pavlake jer smo mislili da se petrolejski destilat preliva od pavlake činio kao prava vrsta hrane koju bi žene pilota smeštenih u Pensakoli u ranim šezdesetim spremale svojim muževima povodom njihovih unapređenja.*

Tele-parabolisanje: Naravoučenija koja se primenjuju u svakodnevnom životu a preuzeta iz zapleta televizijskih serija: *„To je isto kao u epizodi kada je Džen izgubila naočare!"*

Kler stavi naučno uvećane kokice u mikrotalasnu rernu. „Nikad se ne osećam kao da stavljam hranu u ove sprave", reče zatim, pritiskajući vreme na tajmeru aparata, „više mi se čini kao da stavljam šipke goriva u jezgro." Zatim jako zalupi vrata rerne.

„Hej, *pazi*", javljam se ja.

„Izvini, Endi. Ali nervozna sam. Nemaš *pojma* koliko mi je teško da nađem prijatelje istog pola. Moji prijatelji su uvek bili momci. Devojke su uvek tako prenakićene. Uvek u meni vide pretnju. Konačno sam našla pristojnu prijateljicu ovde u gradu i ona odlazi istog dana kada me je i moja velika životna opsesija šutnula. Istrpi me malo, okej?"

„I zato si danas pored bazena bila tako troma?"

„Da. Rekla mi je da ne pominjem da planira da ode. *Prezire* opraštanja."

Dag i dalje razmišlja o rasadniku. „To nikad neće uspeti", kaže. „To je suviše u stilu Madona/kurva. Ne verujem u to."

„To nije nešto u šta ti treba da *veruješ*, Dag. Zvučiš kao Tobajas kada tako pričaš. I *teško* da će praviti karijeru od ‚baštovanstva' – nemoj biti tako negativan. Pruži joj šansu." Kler ponovo seda na stolicu. „Pored toga, zar bi radije želeo da je ostala ovde u Palm Springsu radeći *šta god* da je radila? Zar bi želeo da za godinu-dve ideš sa njom do supermarketa i kupuješ belilo? Ili da se možda igraš

QJD: Quel jebeni davež. *„Džejmi se zaglavio na nekom aerodromu čitavih trideset šest sati i bilo je, kao, skroz QJD."*

QMG: Quelle modna greška. *„Bila je to zaista QMD, molerske pantalone. Bilo je to tako u stilu 1979, da ne poveruješ."*

provodadžije – središ joj sastanak sa zubarskim tehničarem kako bi postala domaćica iz Palo Alta?"

Čulo se kokanje prve kokice, i meni sinu da Dag ne oseća samo da ga je Elvisa odbila, već joj i zavidi zbog odluke da promeni i sroza svoj život.

„Odrekla se onda svih svojih zemaljskih poseda, pretpostavljam", reče Dag.

„Pretpostavljam da će njeni cimeri pokrasti većinu stvari koje ostavi za sobom ovde u Palm Springsu, jadnici. VOPU: veoma ozbiljan problem sa ukusom, ta dama ima. Snupi lampe i kolaži, uglavnom."

„Dajem joj tri meseca."

Pod salvom kokica iz mikrotalasne, Kler povisuje glas: „Neću više da gnjavim na tu temu, Dag, ali ma koliko njen impuls kao samousavršavanju bio kliše ili osuđen na propast, ne možeš joj se rugati. Ne *ti* od svih ljudi. Bože Gospode. Ti bi bar trebalo da razumeš šta znači pokušati se rešiti svih sranja u životu. Ali Elvisa je otišla jedan stepen dalje od tebe sada, zar ne? Ona je na sledećem nivou. Ti se još uvek držiš, iako si se rešio svog posla-posla i velikog grada – držiš se svojih kola i cigareta i međugradskih telefonskih razgovora i koktela i *stava*. I dalje želiš da imaš kontrolu. Ono što *ona* radi nije ništa gluplje od ideje da ti odeš u manastir, a sam Bog zna koliko smo te puta slušali da *to* pominješ."

Kokice prikladno prestaju da se kokaju, a Dag bulji u svoja stopala. Žuri u njih kao da su dva ključa na privesku ali ne može da se seti koja vrata oni otvaraju. „Bože. U pravu si. Ne verujem samom sebi. Znaš kako se osećam? Osećam se kao da imam dvanaest godina i da sam opet u Ontariju i da sam upravo polio benzin svuda po kolima i odeći *ponovo* – osećam se kao potpuno govno."

„Ne budi *govno*, Belinghauzene. Samo zatvori oči", reče Kler. „Zatvori oči i pogledaj bolje šta si prosuo. *Pomiriši budućnost.*"

Crvena sijalica je bila zabavna ali i zamorna. Krenuli smo sada u moju sobu kako bismo pričali priče za laku noć. Vatra gori u kaminu, a psi su se blaženo ušuškali na svom ovalnom pletenom ćilimu. Mi sedimo na ćebadi preko mog kreveta, jedemo kokice i osećamo retku udobnost među voštano žutim senkama koje titraju po drvenim zidovima na kojima su visile moje stvari: ribolovački mamci, šeširi za sunce, violina, lišće urme, požutele novine, kaiševi od kuglica, kanap, plitke cipele, i mape. Jednostavni predmeti za nekomplikovan život.

Kler priča prva.

NAPUSTI SVOJE TELO

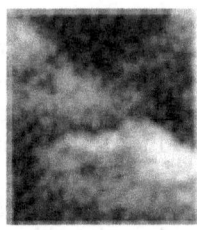

„Živela jednom jedna jadna bogata devojka po imenu Linda. Bila je naslednica ogromnog porodičnog bogatstva, koje je vuklo korene od trgovine robljem u Džordžiji, što se proširilo na fabrike tekstila u Masačusetsu i Konektikatu, i dalje na zapad u čeličane u oblasti reke Monongahela u Pensilvaniji, i na kraju proizašlo u krupne potomke u obliku izdavanja novina, stvaranja filmova i istraživanja svemira u Kaliforniji. ¶Ali dok je novac Lindine porodice uvek uspevao da se množi i prilagodi se datom trenutku, Lindinoj porodici to nije uspevalo. Smanjivala se, nestajala, i spajala se unutar porodica da bi na kraju od čitave porodice ostale samo Linda i njenja majka, Doris. Linda je živela u kamenoj vili na seoskom imanju u Delaveru, ali njena majka je samo prijavljivala porez sa te adrese. Nije ni posetila imanje godinama – bila je pripadnik otmenih krugova; živela je u Parizu; pripadala je *džet-setu*. Da je nekad obilazila, možda je mogla sprečiti ono što se desilo Lindi. ¶Znate, Linda je odrasla srećna kako samo mala bogata devojčica to može, jedino dete u igraonici na najvišem spratu kamene vile gde joj je otac čitao priče svake večeri dok mu je sedela u krilu. Gore blizu plafona, desetine malih pripitomljenih kanarinaca lepršalo je krilima i pevalo, ponekad se spuštajući na njihova ramena i uvek ispitujući divnu hranu koje su donosile sobarice. ¶Ali jednog dana njen otac nije došao, i više se nikad nije pojavio. Neko vreme, majka bi joj ponekad došla i pokušala da joj čita priče, ali to nikad nije bilo isto – dah joj je mirisao na koktele; plakala bi; udarala je ptice kada bi joj se približile i posle nekog vremena ptice se više nisu ni spuštale.

Vreme je prolazilo, i kao mladi adolescent Linda je postala prelepa ali očajno nesrećna žena, u neprekidnoj potrazi za jednom osobom, jednom idejom, ili jednim mestom koji bi je mogli spasiti od njenog, pa, njenog *života*. Linda se osećala začarana ali besciljna – potpuno sama. A imala je i pomešana osećanja u vezi sa svojim pozamašnim nasledstvom – osećaj krivice zato što se sama nije morala mučiti da zaradi ali isto tako povremena kraljevska osećanja da joj sve to pripada, za koje je znala da joj mogu samo naškoditi. Lelujala je kako je vetar duvao.

I kao i svi zaista bogati i/ili lepi i/ili poznati ljudi, nikad nije bila sasvim sigurna da li ljudi reaguju na pravu nju, trunčicu svetla zarobljenog u kapsuli od njenog tela, ili samo reaguju na lutrijski dobitak koji je rođenjem osvojila. Bila je uvek obazriva prema lažnjacima i pijavicama, nadripesnicima i šarlatanima.

Da kažem ovde još nešto o Lindi: bila je pametna. Mogla je da raspravlja o fizici čestica, na primer – kvarkovima i leptonima, bozonima i mezonima – i mogla je da razlikuje one koji se stvarno razumeju u tematiku od onih koji su samo pročitali članak o tome u nekom časopisu. Znala je imena skoro sveg cveća i mogla je da kupi sve cveće. Pohađala je Vilijams univerzitet i išla na zabave sa filmskim zvezdama u baršunastim nestvarnim lokalima na Menhetnu, osvetljenim epileptičnim reflektorima. Često je putovala sama u Evropu. U srednjovekovnom gradu-zamku Sent-Malo na francuskoj obali živela je u maloj sobi koja je mirisala na bombone sa likerom i prašinu. Tamo je čitala dela Balzaka i Nensi Mitford, tragajući za ljubavlju, tragajući za idejom, a upražnjavajući seks sa Australijancima dok je planirala šta sledeće da obiđe u Evropi.

U zapadnoj Africi posetila je beskrajne cvetne tepihe gerbera i cecelja – polja van ovog sveta na kojima su psihodelične zebre jele nežne cvetove koji su se preko noći pojavljivali na jalovoj zemlji, začete semenjem koje su iz decenijskih koma budile hirovite kiše u Kongu.

Ali je konačno u Aziji Linda našla ono što je tražila – visoko na Himalajima među odbačenim, zarđalim bocama kiseonika planinara i praznim, drogiranim i prokletim telima studenata iz Ajove – tamo je čula ideju koja je otključala mehanizme njene duše.

Čula je za versku sektu monaha i monahinja u jednom malom selu koji su dostigli stanje svetosti – ekstaze – slobode – kroz strogu dijetu i period meditacije koji su trajali sedam godina, sedam meseci, sedam dana i sedam sati. Za to vreme, svetac-učenik nije smeo da izgovori niti jednu reč niti radi bilo šta drugo do jede, spava, meditira i eliminiše. Ali govorilo se da je istina koja se dostiže na kraju ovog puta bila tako uvek božanstvena da su patnja i odricanje bili ništa u poređenju sa Višim konaktom ostvarenim na kraju.

Na nesreću, besnela je oluja onog dana kada je Linda trebalo da poseti to malo selo. Bila je primorana da odustane od posete, a već sledećeg dana morala je da se vrati u Delaver kako bi se sastala sa porodičnim advokatima. Nikad nije uspela da poseti selo svetaca.

Ubrzo zatim, napunila je dvadeset jednu godinu. Tada je nasledila veći deo imanja prema uslovima očevog testamenta. Doris je, u napetom trenutku u advokatskoj kancelariji u Delaveru, prepunoj duvanskog dima, saznala da će dobijati samo fiksiranu ali ekstravagantnu mesečnu apanažu.

Dobro, Doris je od imanja svoga muža želela obrok; dobila je užinu. Bila je van sebe, i zbog ovog novca stvorio se nepremostiv razdor između Linde i Doris. Doris se ponašala kao puštena s lanca. Postala je dobro tapaciran, sjajno lakirani građanin tajnog sveta novca. Život joj je postao tapiserija britanskih banja, plaćenih venecijanskih portira koji su mažnjavali nakit iz njene torbice, uzaludnih lovova na NLO po Andima, sanatorijuma na jezeru Ženeva i krstarenjima po Antarktiku, gde bi besramno podilazila prinčevima iz emirata uz pozadinu bledoplavog leda Kvin Mod zemlje.

I tako je Linda bila prepuštena samoj sebi da donosi odluke, i u odsustvu bilo koga ko bi se usprotivio, odlučila je da sama proba da dostigne duhovno oslobođenje kroz metodu sedam-godina-sedam--meseci-sedam-dana.

Ali da bi ovo postigla, morala je da preduzme mere kako bi se osigurala da joj spoljni svet ne pomrsi konce. Ojačala je zidove na imanju, podigavši ih u visinu i opremajući ih laserskim alarmima, plašeći se ne pljačke, već mogućih smetnji. Potpisala je pravna dokumenta kako bi se osigurala da će stvari poput plaćanja poreza biti završene u njeno ime. Ovi dokumenti su takođe navodili prirodu njene misije unapred i čekali su da postanu dokaz u slučaju da neko ospori Lindino stanje svesti.

Otpustila je poslugu, sem jedne sluškinje po imenu Šarlot. Kolima je bio zabranjen pristup na imanje, a polja i bašte su bili prepušteni sami sebi kako je ne bi uznemiravale kosilice za travu. Oko imanja je postavljeno obezbeđenje na stalnoj straži, a unajmila je još jedan sistem obezbeđenja koji će nadgledati te stražare, kako se ovi ne bi previše opustili. Ništa nije smelo da omete njenu šesnaestosatnu svakodnevnu meditaciju u tišini.

I tako je početkom jednog marta, ona započela svoj period tišine.

Vrt je odmah počeo da se vraća divljini. Gruba jednoobrazna trava iz Kentakija brzo je postala prošarana nežnijim, lokalnim cvećem, korovom i travom. Spomenak, divlja trstika i novozelandski lan pridružili su se travi koja je ponovo zaposela, omekšala i naglasila pošljunčani parking i staze. Štrkljasti, bujni i bolni oblici ruža, sa trnjem i stabljikama zaposeli su senicu; vistarija je udavila trem; bršljen se prosuo po kamenjaru kao iskipela supa. Mnoštvo malih stvorenja se vratilo u vrt. Leti su vrhovi vlati trave bili neprestano prekriveni izmaglicom sunčeve svetlosti posutom tihim, imbecilnim i amniot-

skim leptirima, moljcima i mušicama. Gladne i bučne čavke i zlatke bi se obrušavale i prodirale u ovu vazdušastu tečnost. I to je bio Lindin svet. Nadgledala ga je od zore do svitanja sa prostirke na terasi u prizemlju, ništa ne govoreći, ništa ne deleći, ništa ne otkrivajući.

Kada bi došla jesen, nosila je vunenu ćebad koju joj je dala Šarlot dok ne bi postalo isuviše hladno. Tada bi nastavila da posmatra svoj svet iza visokih staklenih vrata svoje spavaće sobe. Zimi je posmatrala pospanost sveta; u proleće je videla kako se svet obnavlja, i ponovo svakog leta posmatrala je njegovo skoro preobilno bogatstvo života.

I to je trajalo sedam godina, za koje vreme joj je kosa osedela, menstruacija joj je prestala, koža joj je postala grubo zategnuta preko kostiju, a glasne žice su joj atrofirale, zbog čega je izgubila moć govora, čak i da je htela da govori.

Jednog dana pred sam kraj Lindinog perioda meditacije, daleko na drugom kraju sveta, na Himalajima, sveštenik po imenu Laski čitao je primerak nemačkog časopisa *Štern*, koji su u lokalnom selu ostavili planinari. U njemu je video zamućenu fotografiju ženske figure, Linde, kako meditira u, kako je izgledalo, divljoj i bujnoj bašti. Pročitavši tekst ispod fotografije, koji je opisivao napore bogate američke naslednice koja se okrenula Novom dobu, Laski je osetio kako mu se puls ubrzava.

Već sledećeg dana Laski je bio na letu Džepen Er-a za aerodrom Džej-Ef-Kej[1], ispunjen strepnjom i izgledajući čudno sa ogromnim kovčegom i manti-

---

[1] *Orig.* JFK (John Fitzgerald Kennedy) – Jedan od njujorških aerodroma. (*Prim. prev.*)

jom, boreći se sa evropskim masama koje su u kasno popodne stizale na carinu jeftinim letovima i nadajući se da će ga aerodromska limuzina odvesti do Lindinog imanja na vreme. Imao je tako malo vremena!

Laski je stajao ispred čelične kapije Lindinog imanja, i čuo je žurku koja je bila u jeku u stražarskoj kućici. Večeras je, kako je ispravno protumačio iz kratkog članka o Lindi u *Šternu*, trebalo da bude poslednje veče njene meditacije – stražari je trebalo da budu oslobođeni dužnosti i stoga su slavili. Bili su nemarni. Laski se, ostavivši kovčeg ispred kapije, tiho ušunjao i, bez ikakvih prepreka, prošetao po onome što je ostalo od staze obasjane poslednjim zracima zalazećeg sunca.

Drveće jabuke bilo je prekriveno besnim vranama; žbunje smreke žarilo ga je po nogama; iznureni suncokreti odmarali su se na slomljenim vratovima dok su se puževi skupili dole kao *tricoteuses*[1]. Među ovim sjajem stajao je Laski i presvukao svoju bledo-braon mantiju u jaknu od sjajnog metala koju je na kapiji izvadio iz kovčega i poneo sa sobom. I, pošto je stigao do Lindine kuće, otvorio je ulazna vrata,

---

[1] *Francuski:* mašine za pletenje. *(Prim. prev.)*

Ja-izam: Potraga pojedinca, u nedostatku obuke u tradicionalnim verskim načelima, da sam formuliše religiju po svom nahođenju. U najvećem broju slučajeva to postane zbrka reinkarnacije, ličnog dijaloga sa nebulozno određenim likom božanstva, naturalizma i karmičkih oko-za-oko stavova.

Papirno besnilo: Hiperosetljivost na bacanje smeća.

zatim ušao u hladnu, mračnu tišinu koja mu je govorila o raskošnim, retko upotrebljavanim, sobama. Gore, uz široko glavno stepenište prekriveno crveno-crnim tepihom nalik soku nara, Laski je pratio svoj osećaj, prošao kroz mnoge hodnike i na kraju došao do Lindine spavaće sobe. Šarlot, na zabavi sa stražarima, nije bila tu da spreči njegov ulazak.

A zatim na tremu ispred ugledao je smežuranu Lindinu figuru kako zuri u sunce, koje je sada bilo boje ćilibara i skoro zašlo za horizont. Laski je stigao upravo na vreme – period Lindine tišine i meditacija se završavaju za nekoliko sekundi.

Laski je pogledao njeno telo, još uvek tako mlado, ali pretvoreno u telo stare babe. I moglo je skoro zaškripati, tako mu se činilo, dok se okretala ka njemu, otkrivajući lice, duboko iscrpljeno – smrtno lice kao izduvani gumeni čamac, koji je suviše dugo stajao na suncu.

Polako je podigla telo, čvornovato i krhko, kao detetova skulptura od špageta neke neugledne ptice, i vukla se preko trema i kroz vrata do svoje spavaće sobe poput nežnog povetarca koji ulazi u zatvorenu sobu.

Nije izgledala iznenađena što vidi Laskija, sveg sjajnog u metalnoj jakni. Prošavši pored njega, pokrenula je mišiće usni u zadovoljan osmeh i krenula ka krevetu. Dok je legala, Laski je mogao čuti šmirglaste zvuke koje je proizvodilo grubo vojničko ćebe na njenoj haljini. Zurila je u plafon i Laski priđe i stade pored nje.

,Vi deca iz Evrope... iz Amerike...' reče, ,tako se puno trudite ali sve uradite pogrešno – vi i vaše čudne male rukom oblikovane religije koje sami za sebe stvarate. *Da*, trebalo je da meditirate sedam godina i sedam meseci i sedam dana i sedam sati u mojoj religiji, ali to je po *mom* kalendaru, a ne vašem. Po *vašem* kalendaru to vreme traje nešto duže od *godinu dana*. Vi ste izdržali sedam puta više nego što je trebalo... suviše dugo...' ali je onda Laski utihnuo. Lindine oči su postale kao oči ljudi koje je video tog popodneva na aerodromu – oči imigranata koji je trebalo da prođu kroz klizna vrata carine i konačno uđu u novi svet zbog kojeg su spalili sve mostove za sobom.

Da, Linda je uradila sve pogrešno, ali je ipak pobedila. Bila je to čudna pobeda, ali ipak pobeda. Laski shvati da pred sobom ima bolju od sebe. Brzo je skinuo jaknu svog sveštenstva, koja je bila dobranih dve hiljade godine stara i na koju su se dodavali novi ukrasi a stari stalno propadali. Zlatne i platinaste niti upletene sa dlakom jaka nosile su kuglice od vulkanskog stakla i dugmad od žada. Na njoj je bio i rubin Marka Pola i zatvarač flaše seven-ap koji je dao prvi pilot koji je ikad sleteo u Laskijevo selo.

Laski je uzeo ovu jaknu i stavio je na Lindino telo, koje je sada doživljavalo natprirodni preobražaj. Dok je stavljao jaknu na nju, začulo se pucanje njenih rebara i zadihani krik ekstaze. ,Jadno milo dete', prošaputa dok ju je ljubio u čelo.

I sa ovim poljupcem, Lindina lobanja se uruši kao mnoge krhke zelene plastične košare za bobice, ostavljene napolju tokom zime, koje se mrve na prvi dodir. Da, njena lobanja se urušila i pretvorila u prašinu – i zrak svetlosti koji je bio stvarno Linda napusti njenu staru posudu, zatim zalepršа ka nebu, gde je otišao da sedne – poput žute ptičice koja može da peva sve pesme – sa desne strane njenog boga."

UZGAJAJ CVEĆE

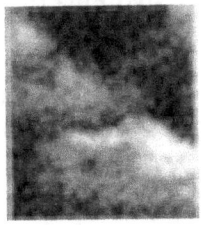

Pre mnogo godina, pošto sam po prvi put počeo da zarađujem ozbiljan novac, imao sam običaj da idem do lokalnog baštovanskog centra svake jeseni i kupim pedeset dve lukovice narcisa. Ubrzo potom, otišao bih u zadnje dvorište kuće mojih roditelja sa špilom pedeset dve voskirane karte za igranje i pobacao karte po travnjaku. Gde god bi pala karta, zasadio bih jednu lukovicu. Naravno, mogao sam i prosto da pobacam same lukovice, ali stvar je bila u tome da *nisam*. ¶Sađenje lukovica na ovaj način stvara veoma prirodan efekat spreja – isti tihi algoritmi koji određuju zakretni momenat u jatu vrabaca ili kvrgu u komadu naplavljenog drveta takođe određuju uspeh u ovoj formalnoj stvari. ¶A kad dođe proleće, pošto su narcisi izrecitovali svoj nežni kratki haiku svetu i prosuli hladan, blag miris, njihovi naborani bež ostaci lukovine obaveštavaju nas da će uskoro doći leto i da je vreme da se pokosi travnjak. ¶Ništa mnogo mnogo dobro i ništa mnogo mnogo loše ne traje mnogo mnogo dugo. ¶Budim se i možda je pola šest ili tako nešto ujutro. Nas troje smo prućeni na vrh kreveta kako smo zaspali. Psi dremaju na podu pored skoro ugaslih žeravica u kaminu. Napolju se vidi samo tračak svetlosti, oleandri bez daha, a ne čuje se ni gugutanje golubica. Osećam topli miris ugljen dioksida od sna i zatvorenog prostora. ¶Ova stvorenja ovde u sobi sa mnom – ovo su stvorenja koja volim i koja vole mene. Osećam da smo zajedno čudan i zabranjen vrt – osećam se tako srećnim da bih mogao da umrem. Ako bih mogao to da imam, izabrao bih da ovaj trenutak traje večno.

Ponovo padam u san.

TREĆI DEO

DEFINIŠI NORMALNO

Pre petneast godina, u onom što i dalje ostaje verovatno najnemoderniji dan mog života, čitava moja porodica, svih nas devetoro, išli smo da napravimo grupni portret u lokalnoj foto radnji. Kao posledicu tog vrelog i beskonačnog poziranja, nas devetoro je provelo narednih petnaest godina hrabro pokušavajući da budemo dorasli tom optimizmu zadojenom kukuruzom, veselim talasima šampona, i retuširanim blještavim zubima kojima fotografija i dan danas isijava. Možda izgledamo zastarelo, ali isto tako izgledamo *savršeno*. Na njoj, sijamo ozbiljno gledajući nadesno, tamo ka onome što izgleda da će biti budućnost ali što je zapravo bio gospodin Lenard, fotograf i usamljeni stari udovac sa ugrađenom kosom, koji je držao nešto tajanstveno u levoj ruci i vikao, „*Fromage!*"[1] ¶Kada je fotografija stigla kući po prvi put, prvo je veličanstveno stajala povrh kamina jedno sat vremena, tamo ju je bezazleno stavio moj otac, koji je brzo posle toga bio pod pravom paljbom tinejdžerskih krikova koji su zahtevali da je od-

---

[1] *Francuski:* sir. To stoga što je engleski ekvivalent srpskom „ptičica" kako bi se izazvao osmeh na licu osobe koja se fotografiše „cheese", tj. sir. (*Prim. prev.*)

mah skloni, od silnog straha da će nam se vršnjaci smejati zbog nje. I tako ju je sklonio u deo njegove radne sobe, u deo u kome se nikad nije sedelo, gde i danas visi, poput zaboravljenog ljubimca skočimiša koji umire od gladi. Retko je obilazimo nas devetoro, ali uvek s namerom, između uspona i padova u našim životima, kad nam je potrebna dobra doza „ali bili smo svi tako nevini nekad" koja dodaje tu potrebnu literarnu notu melodrame našim tugama.

Da ponovim, to se desilo pre petnaest godina. Ova je godina, međutim, bila godina kada su svi u porodici konačno odlučili da prestanu sa pokušajima da dorastu toj prokletoj fotografiji i blistavom ali neistinitom obećanju koje nam je dala. Ovo je godina kada smo odlučili da prekinemo sa svim, što se normalnosti tiče; godina kada smo krenuli putem kojim sve porodice *idu*, godina kada su svi konačno odlučili da budu *oni sâmi* a da sve ostalo ide do đavola. Godina kada niko nije došao kući za Božić. Samo Tajler i ja, mama i tata.

„Zar to nije bila fantastična godina, Endi? Sećaš se?" Ovo govori moja sestra Didri preko telefona, misleći na godinu kada je fotografija napravljena. U ovom trenutku Didri je usred „stravično gadnog" razvoda sa pajkanom iz Teksasa („Trebalo mi je četiri godine da shvatim da je on pseudo-intiman, Endi – kakav ljigavac"), a glas joj je odiše antidepresi-

---

Brejdizam: Osetljivost na mnoštvo koja je nastala kao rezultat odrastanja u velikim porodicama. Retkost među onima rođenim posle otprilike 1965, simptomi brejdizma uključuju sposobnost za mozgalice, emocionalno povlačenje u prenatrpanim situacijama, i duboka potreba za dobro određenim ličnim prostorom.

vima. Ona je bila Najzgodnija i Najpopularnija od Palmer devojaka; sada zove telefonom prijatelje i rođake u pola tri ujutro i nasmrt ih plaši dosadnim, pomalo nadrogiranim ćaskanjem: „Svet se činio tako sjajan i nov tada, Endi, *znam* da to zvuči kao kliše. Bože – tada bih se sunčala ne brinući da ću dobiti rak kože; sve što mi je bilo potrebno da se osećam tako živom da bih mogla da puknem bilo je da me Bobi Vildžen odveze svojim Roud Ranerom[1] na žurku gde je bila gomila nepoznatog sveta."

Didrini pozivi telefonom su zastrašujući na nekoliko nivoa, a svakako jedan od njih je to da su njena buncanja često ispravna. Zaista *postoji* nešto tiho i dosadno u vezi sa gubitkom mladosti; mladost zaista *jeste*, kako Didri kaže, tužan evokativan parfem sastavljen od mnogih zalutalih mirisa. Parfem *moje* mladosti? Prodorna mešavina novih košarkaških lopti, Zamboni strugotina[2] i kablova muzičkog uređaja koji su pregorevali zbog preteranog preslušavanja Supertremp[3] albuma. I, naravno, sparna halogenirana mešavina jakuzija kod Kempsi blizanaca petkom uveče, vrela supa ukrašena ljuspama mrtve kože, aluminijumskim konzervama piva i nesrećnim krilatim insektima.

Imam tri brata i tri sestre, a mi nikada nismo bili od onih porodica što se „stalno grle". Zapravo, uopšte se ne sećam da me je ikad zagrlila roditeljska jedin-

---

[1] Marka automobila američkog proizvođača Plimut. (*Prim. prev.*)

[2] Po američkoj kompaniji Frank J. Zamboni & Co, Inc. koja se bavi proizvodnjom mašina za struganje i glačanje leda. (*Prim. prev.*)

[3] *Orig.* Supertramp, britanska rok grupa, vrlo popularna sedamdesetih i osamdesetih godina XX veka. (*Prim. prev.*)

ka (da budem iskren, podozrevam od te prakse). Ne, mislim da bi *psihičko poigravanje između dve vatre* verovatno bolje opisalo dinamiku naše porodice. Bio sam peto od sedmoro dece – totalno srednje dete. Morao sam jače od braće i sestara da se borim za bilo kakvu vrstu pažnje u našoj kući.

Deca Palmer, svih nas sedam, imamo nepokolebljiva, razumna i nezagrljajna imena koja su bila najdraža generaciji naših roditelja – Endru, Didri, Ketlin, Suzan, Dejv i Evan. Tajler je un peu[1] egzotično ime, ali s druge strane, on *jeste* bio dete ljubavi. Jednom sam rekao Tajleru da želim da promenim ime u neko novo i hipijevsko, kao Harmonije ili Prašinko. Pogledao me je: „Ti si lud. Endru sjajno izgleda na biografiji – šta bi više od toga? Čudaci kao Košnica ili Svetleće Grlo *nikad* ne postaju menadžeri."

Didri će ovaj Božić provesti u Port Arturu, Teksas, depresivna zbog lošeg braka koji je sklopila suviše rano u životu.

---

[1] *Francuski:* pomalo. *(Prim. prev.)*

Crne rupe: Podgrupa *X* generacije najpoznatija po tome što nose skoro samo crnu odeću.

Crne jazbine: Mesta gde *Crne rupe* žive; često nezagrevana skladišta iscrtana fluoroscentnim bojama, sa razbijenim manekenskim lutkama, sećanjima na Elvisa, desetinama prepunih pepeljara, skulptura od slomljenih ogledala i muzikom Velvet Andergraund[1] koja svira u pozadini.

---

[1] *Orig.* Velvet Underground. Čuvena američka rok grupa. *(Prim. prev.)*

Dejv, najstariji brat – onaj koji je trebalo da bude naučnik ali koji je pustio mastan konjski rep umesto toga i koji sada prodaje ploče u prodavnici ploča alternativne muzike u Sijetlu (on i njegova devojka Rejn[1] stalno su u crnom) – on je u Londonu, Engleska, ovog Božića, uživa ekstazi i izlazi po klubovima. Kada se vrati, sledećih šest meseci afektiraće engleski naglasak.

Ketlin, druga po starosti, ideološki se suprotstavlja Božiću; ne slaže se sa većinom buržoaske bolećivosti. Vodi uspešnu feminističku farmu krava gore u pojasu istočne Britanske Kolumbije, oslobođenu svih mogućih alergena, i kaže da kada „invazija" konačno nastupi, svi ćemo mi biti u kupovini čestitki i da ćemo zaslužiti sve što nam se bude desilo.

---

[1] Kiša *(Prim. prev.)*

Reprodukcija čudne ljubavi: Imati dece kako bi se nadomestila činjenica da više ne verujete u budućnost.

Vlastelini: Najčešća podgrupa X generacije i jedina podgrupa koja je sklona razmnožavanju. *Vlastelini* postoje skoro isključivo u parovima i mogu se prepoznati po fanatičnim pokušajima da oponašaju atmosferu obilja iz Ajzenhauerove ere[1] u svojoj svakodnevici uz vrtoglavo visoke cene nekretnina i životnim stilom sa dva posla. *Vlastelini* stalno izgledaju smoreni proždrljivo nabavljačkom potragom za nameštajem i raznim sitnicama.

---

[1] Odnosi se na period 1952–1960, kada je Dvajt Ajzenhauer bio Predsednik SAD. Taj period je obeležen velikim ekonomskim razvojem i prosperitetom u posleratnoj Americi, a na međunarodnom planu, sve izraženijim hladnim ratom. *(Prim. prev.)*

Suzan, moja najdraža sestra, najvickastija sestra i porodična glumica, imala je napad panike pošto je diplomirala na fakultetu pre nekoliko godina, počela da se bavi pravom, udala se za tog groznog japija sveznalicu, advokata po imenu Brajan (ujedinjenje koje može voditi samo bolu). Preko noći je postala tako neprirodno ozbiljna. Dešava se. Često sam imao prilike to da vidim.

Njih dvoje žive u Čikagu. U božićno jutro Brajan će polaroid aparatom slikati njihovu bebu Čelsi (on je izabrao ime) u krevecu koji ima, verujem, pozlatu na gornjoj ploči. Verovatno će raditi čitav dan, sve do večere.

Jednog dana se nadam da ću spasiti Suzan njene nevesele sudbine. Dejv i ja smo hteli da unajmimo deprogramera u jednom trenutku, čak smo otišli toliko daleko da smo nazvali katedru za teologiju na univerzitetu kako bismo otkrili gde možemo da nađemo takvu osobu.

Pored Tajlera, o kome već ponešto znate, ostaje samo Evan, u Judžinu, Oregon. Komšije ga zovu „normalnim detetom Palmerovih". Ali ima tu stvari koje komšije ne znaju: kako preterano pije, spiska platu na kokain, kako skoro svakodnevno njegov izgled propada, i kako se poverava Dejvu, Tajleru i meni kako vara svoju ženu, Lizu, kojoj se u javnosti obraća glasom Elmera Fada iz crtaća. Evan ne jede ni povrće, i svi smo ubeđeni da će jednog dana njegovo srce jednostavno eksplodirati. Hoću da kažem, prsnuti u njegovim grudima. Njega baš briga.

O, gospodine Lenard, kako smo svi uspeli da ispadnemo tako blesavi? Naporno tražimo taj fromage koji ste držali – zaista tražimo – ali jednostavno ga više *ne* vidimo. Molim vas, dajte nam neku caku.

Dva dana pred Božić, Aerodrom Palm Springsa prepun je reš pečenih turista i glupavo podšišanih marinaca koji svi idu kući za godišnju dozu zalupljenih vrata, pravednički napuštenih obeda, i tradicionalnih porodičnih psihodrama. Kler mrzovoljno puši cigarete jednu za drugom dok čeka svoj let za Njujork; ja čekam let za Portland. Dag afektira zamenjenu dobroćudnost; ne želi da nam dâ do znanja koliko će biti usamljen tih nedelju dana dok smo mi odsutni. Čak i Mekarturovi odlaze u Kalgari za praznike.

Klerina mrzovoljnost je odbrambeni mehanizam: „*Znam* da vi momci mislite da sam ponizan otirač zato što idem za Tobajasom u Njujork. Ne gledajte me tako."

„U stvari, Kler, samo čitam novine", rekoh.

„Pa, *želiš* da buljiš u mene. Osećam."

Čemu joj reći da je samo paranoična? Otkad je Tobajas otišao onog dana, Kler je vodila samo površne razgovore preko telefona s njim. Čavrljala je, praveći svakakve planove. Tobajas je jedva slušao s druge strane veze poput gosta restorana koji nadugačko sluša dnevnu ponudu – mahimahi[1], list, sabljarka – za koje je sve odmah na početku znao da ih ne želi.

I tako sedimo napolju na aerodromu i čekamo naše autobuse na krilima. Moj avion prvi poleće, i pre nego što krenuh preko piste, Dag mi reče da se potrudim da ne zapalim kuću.

Kao što sam ranije pomenuo, moji roditelji, „Frenk i Luiz", pretvorili su svoju kuću u muzej perioda od

---

[1] Vrsta ribe iz tropskih mora, fluoroscentno plavih leđa, a žutih bokova, sa dugim leđnim perajem. Vrlo popularna hrana. (*Prim. prev.*)

pre petnaest godina – poslednja godina kada su kupili novi nameštaj i godina kada je snimljena porodična fotografija. Otada, veći deo svoje energije usmerili su ka odbacivanju dokaza o prolaznosti vremena.

Okej, očito nekoliko manjih primera kulturnog napretka moglo je da uđe u kuću – mali primeri poput kupovine bakaluka u rinfuzi, čiji tragovi zatrpavaju kuhinju, čega se oni uopšte ne stide. („Znam da je to odraz lošeg ukusa, šećeru, ali tako uštedimo jako puno *novca*.")

U kući ima i nekoliko novih tehnoloških sprava, uglavnom unetih na Tajlerovo insistiranje: mikrotalasna rerna, videorekorder, i telefonska sekretarica. Što se ovog poslednjeg tiče, primećujem da moji roditelji, oboje tehnofobi, govore u telefonsku sekretaricu sa istim oklevanjem sa kojim je gospođa Stajvesant Fiš pravila snimak na gramofonskoj ploči za vremensku kapsulu.

Vrebanje siromaštva: Finansijska paranoja koju nameću potomstvu roditelji iz ere depresije.

Isključi iz struje, raseci pitu: Fantazija u kojoj potomak mentalno vodi evidenciju o neto vrednosti svojih roditelja.

Naklonost ka slabijima: Tendencija da se skoro bez razlike uvek stane na stranu slabije strane u bilo kojoj situaciji. Potrošački izraz za ovu osobinu je kupovina manje uspešnih, „tužnih" ili neupotrebljivih proizvoda: *„Znam da su ove bečke kobasice srčani udar na štapu, ali izgledale su tako tužno pored sve one japijevske hrane da sam morao da ih kupim."*

„Mama, zašto ti i tata niste jednostavno otišli na Maui ove godine i preskočili Božić. Tajler i ja smo već u depresiji."

„Možda iduće godine, dušo, kada tvoj otac i ja budemo malo više pri novcu. Znaš koliko to košta..."

„To kažeš svake godine. Voleo bih da prestanete da isecate kupone iz novina. Pravite se da ste siromašni."

„Istrpi nas, dušice. *Uživamo* da izigravamo siromahe."

Izlazimo s parkinga aerodroma u Portlandu i ponovo ulazimo u poznati zeleni pejzaž Portlanda po kome sipuće kiša. Već posle deset minuta, ako sam i načinio *nekakav* psihički ili duhovni napredak u odsustvu svoje porodice sada je on nestao ili bio poništen.

„Znači, sada se tako šišaš, dušo?"

Podsećam se da bez ozbira koliko se jako trudiš, nikad ne možeš imati više od dvanaest godina za svoje roditelje. Roditelji istinski pokušavaju da nas ne iritiraju, ali njihovi komentari nemaju nikakve mere i čudan fokus. Pričati o privatnom životu sa roditeljima jeste kao pogrešno gledati u bubuljicu u retrovizoru kola i biti uveren da si, u odsustvu kontrasta ili konteksta, zakačio kombinaciju osipa od vrućine i raka kože.

„I", kažem, „stvarno *smo* samo Tajler i ja kod kuće ove godine?"

„Izgleda. Ali mislim da bi Di mogla doći iz Port Artura. Uskoro će biti ponovo u svojoj staroj sobi. Vidim znake."

„Znake?"

Mama pojačava brisače na autu i pali farove. Nešto joj je na pameti.

„Ah, svi ste vi odlazili i vraćali se, odlazili i vraćali se već toliko puta, više i ne smatram potrebnim da pričam svojim prijateljima da su mi deca otišla od kuće. Ali ne da o tome i *pričamo* ovih dana. Svi moji prijatelji doživljavaju slične stvari sa svojom decom. Kada naletim na nekog u supermarketu ovih dana, podrazumeva se da se ne raspitujemo o deci jedni drugih kao što smo to ranije činili. Suviše je depresivno. E, kad smo kod toga, sećaš li se Alane Dubua?"

„Ona dobra riba?"

„Obrijala je glavu i pristupila nekom kultu."

„Ne!"

„A pre toga je prodala sav nakit svoje majke kako bi platila svoj deo guruove Lotus elite. Ostavila je svuda po kući stikere sa natpisima, ,Moliću se za tebe, mama'. Majka ju je na kraju najurila iz kuće. Sada uzgaja repu u Tenesiju."

„Svi su u takvom haosu. Niko nije ispao normalan. Jesi li videla još nekog?"

„Sve žive. Ali se ne sećam imena. Doni... Arnold... Sećam se njihovih lica iz vremena kad su dolazili u kuću zbog lizalica. Ali svi izgledaju tako iznureno, tako *staro* sada – tako prerano *sredovečni*.

Tajlerovi prijatelji, međutim, moram reći, izgledaju svi tako samouvereno. Oni su drugačiji."
„Tajlerovi prijatelji žive u mehurima."
„To nije istina, a nije ni pošteno, Endi."
U pravu je. Samo sam ljubomoran na to kako se Tajlerovi prijatelji ne boje budućnosti. Uplašen i zavidan. „Dobro. Izvini. Koji su znaci da bi Di mogla doći kući? Rekla si..."
Nema puno saobraćaja na Sendi bulevaru dok idemo ka čeličnim mostovima u centru grada, mostovima boje oblaka, i tako velikim i komplikovanim da me podsećaju na Klerin Njujork. Pitam se hoće li njihova masa ugroziti zakon gravitacije.

„Pa, onog trenutka kada neko od vas dece nazove i počne da pokazuje nostalgiju za prošlošću ili da priča o tome kako im je jadno na poslu, znam da je vreme da iznesem čistu posteljinu. Ili ako su stvari *isuviše dobre*. Pre tri meseca me je Di nazvala i rekla da joj Luk kupuje sopstvenu franšizu za prodaju zaleđenih jogurta. Nikad nije bila više uzbuđena. Odmah sam rekla tvom ocu: ,Frenk, dajem joj do proleća da će se vratiti u svoju staru sobu kukajući nad godišnjacima iz srednje škole.' Izgleda da ću dobiti tu opkladu.

Ili kada je Dejvi imao jedini iole pristojan posao, radeći kao umetnički direktor u tom časopisu i sve

---

2 + 2 = 5-izam: Popuštanje pred ciljanom marketinškom strategijom usmerenom ka tebi posle prilično dugog opiranja. *„Oh, u redu, kupiću tu glupu kolu. A sad me ostavi na miru. "*

Paraliza izbora: Tendencija da se, kada su pred vama neograničeni izbori, ne odlučite ni za jedan.

vreme mi pričajući kako uživa. Pa, znala sam da je bilo samo pitanje vremena kada će mu dosaditi, i sasvim tako, *ding-dong*, začu se zvono, i eto Dejvija sa onom njegovom devojkom, *Rejn*, ličeći na izbeglice iz kampa gde deca prisilno rade. Zaljubljeni par je živeo kod nas *šest meseci*, Endi. Nisi bio tu; bio si u Japanu ili tako negde. Nemaš *predstavu* na šta je *to* ličilo. *I dalje* pronalazim nokte sa nogu svuda po kući. Tvoj siroti otac je našao jedan u zamrzivaču – sa crnim lakom – *grozno* stvorenje."

„Trpite li se sada ti i Rejn?"

„Jedva. Ne mogu reći da me ne raduje činjenica da je za ovaj Božić u Engleskoj."

Sada kiša već jako pada, čineći jedan od meni omiljenih zvukova, zvuk kiše na metalnom krovu automobila. Mama uzdiše. „Zaista sam imala velika očekivanja za sve vas klince. Hoću da kažem, kako možeš da gledaš lišće svoje bebe a da se ne osećaš tako? Ali sam jednostavno morala da prestanem da brinem zbog toga šta svi vi radite sa svojim životima. Nadam se da mi ne zameraš, ali to je *puno* olakšalo moj život."

Dok ulazimo u dvorište, vidim Tajlera kako juri u svoj auto, šteteći svoju umetnički sređenu frizuru od kiše pokrivši se crvenom sportskom torbom. „-Ćao, Endi!" viče pre nego što je zalupio vratima pošto je ušao u sopstveni topao i suv svet. Promoli glavu kroz prozor i dodade, „Dobro došao u kuću koju je vreme zaboravilo!"

MTV A NE MECI

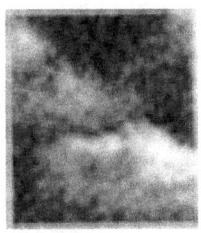

Badnje veče. ¶Danas kupujem ogromne količine sveća, ali ne govorim zašto. Zavetne sveće, rođendanske svećice, sveće za slučaj nužde, večernje sveće, jevrejske sveće, božićne sveće i sveće iz hindu knjižare sa čovekolikim crtežima svetaca. Sve one služe svrsi – svi plamenovi su isti. ¶U supermarketu u 21-oj ulici, Tajlera je toliko blam od ove moje kupovine da ne može ništa ni da izusti; stavio je zamrznutu ćurku u moja kolica kako bi sve izgledalo više praznično a manje nastrano. „Šta je, bre, tačno zavetna sveća?" pita Tajler, pokazujući istovremeno lakoumnost i svetovni odgoj dok duboko udiše neodoljiv, sladunjav sintetički miris borovnice jedne večernje sveće. ¶„Pališ ih kada se moliš. Sve crkve u Evropi ih imaju." ¶„A. Evo ovu nisi uzeo." Pruža mi zdepastu crvenu stonu sveću, prekrivenu mrežicom za čarape, kakve obično viđamo u porodičnim italijanskim restoranima. „Ljudi baš čudno zagledaju tvoja kolica, Endi. Voleo bih da mi kažeš šta ćeš sa svim tim svećama." ¶„To je božićno iznenađenje, Tajlere. Strpi se malo." Krećemo ka prazničnoj gužvi na kasama, izgledajući iznenađujuće normalno u svojoj polu-zapuštenoj odeći, uzetoj iz mog starog ormara, koju sam nosio u dobrim starim danima panka – Tajler nosi staru kožnu jaknu koju sam nabavio u Minhenu; ja sam u iznošenim slojevima majica i farmerki.

Napolju pada kiša, naravno.

Dok se njegovim kolima vraćamo kući preko Bernsajd avenije, pokušavam da ispričam Tajleru Dagovu priču o kraju sveta u Vonovom supermarketu. „Imam jednog prijatelja u Palm Springsu. Kaže da kada se oglase sirene za znak opasnosti, ljudi prvo krenu da grabe sveće."

„I?"

„Mislim da su nas zato ljudi čudno gledali u supermarketu. Pitali su se kako to da ne čuju sirene."

„Hmmm. I konzerviranu robu, takođe", odgovori, dok se udubio u primerak *Veniti Fera* (ja vozim). „Misliš li da treba da se ofarbam u belo?"

„Ne koristiš još uvek aluminijumske lonce i tiganje, zar ne, Endi?" pita moj otac, stojeći u dnevnoj sobi, navijajući dedin sat. „Sve ih pobacaj, *pronto*[1]. Alu-

---

[1] *Italijanski:* odmah. *(Prim. prev.)*

minijum koji uneseš sa hranom je pravi put za dobijanje Alchajmera."

Tata je imao moždani udar pre dve godine. Ništa preterano opasno, ali nedelju dana nije mogao da koristi desnu šaku, i sada mora da pije lek od koga ne može da proizvodi suze; da plače. Moram da kažem, to iskustvo ga je svakako zaplašilo, i promenio je dosta stvari u životu otad. Naročito ishranu. Pre udara, jeo je kao građevinski radnik, gutajući komadine crvenog mesa pune hormona i antibiotika i sam Bog zna čega sve ne, uz brda krompir-pirea i sve to zalivao potocima viskija. Sada, na veliko olakšanje moje majke, jede piletinu i povrće, redovno obilazi prodavnice zdrave hrane, i ugradio je policu za vitamine u kuhinji koja ispušta miris vitamina B u ogromnim količinama, zbog čega im kuhinja podseća na apoteku.

Kao gospodin Mekartur, tata je otkrio svoje telo u poznoj životnoj dobi. Trebalo je da se očeše o smrt pa da se deprogramira od načina ishrane koju su izmislili radnici na železnici, stočari, i petrohe-

---

Podavanje ličnosti: Cena koja se plaća kada se postane par; prethodno zabavna ljudska bića postaju dosadna: *„Hvala što ste nas pozvali, ali Norin i ja planiramo da gledamo kataloge sa nameštajem večeras. Posle toga ćemo gledati šoping kanal."*

Džek-i-Džil zabava: Vlastelinska tradicija; žurke za trudnice, buduće mame, na koje se pozivaju i muški i ženski prijatelji, umesto samo žena. Udvostručena kupovna moć zbog prisustva oba pola podiže vrednost poklona na standarde iz Ajzenhauerove ere.

mijske i farmaceutske firme tokom vekova. Ali opet, bolje ikad nego nikad.

„Ne, tata. Ne koristim aluminijum."

„Dobro, dobro." Okreće se i gleda televizor na drugom kraju sobe, a zatim ispušta omalovažavajuće zvuke ka gnevnoj gomili mladih ljudi koji protestvuju negde u svetu. „Gledaj ih *samo*. Zar niko nema posao? Dajte im da se nečim bave. Pošaljite im Tajlerove rok video kasete – *bilo šta* – ali da imaju čime da se bave. Isuse." Tata, kao Dagova bivša koleginica Margaret, ne misli da su ljudska bića stvorena da konstruktivno provode slobodno vreme.

Kasnije, Tajler beži sa večere, ostavljajući samo mene, mamu i tatu, četiri grupe hrane i predvidivu napetost.

„Mama, ne *želim* nikakve poklone za Božić. Ne želim nikakve *stvari* u svom životu."

„Božić bez poklona? Poludeo si. Buljiš li u sunce previše tamo dole?"

Kasnije, u odsustvu većine njegove dece, moj cmizdravi otac baulja po praznim sobama kuće poput tankera koji je sopstvenim sidrom probio trup, i traži luku, mesto gde bi mogao da zavari i zaceli ranu. Na kraju odlučuje da poklonima napuni čarape iznad kamina. U Tajlerovu stavlja stvarčice u čijoj nabavci silno uživa svake godine: male bočice listerina[1], japanske narandže, orasnice, šrafcigere i listiće za loto. Kada je došao red na moju čarapu, zamolio me je da izađem iako sam znao da bi voleo da ostanem. Tako *ja* počinjem da lutam po kući, isuviše velikoj za tako malo ljudi. Čak ni jelka, ove godine ukrašena pre rutinski nego sa strašću, ne može da ulepša stvar.

---

[1] Marka sredstva za ispiranje usta. *(Prim. prev.)*

Telefon nije prijatelj; Portland je Grad mrtvih u ovom trenutku. Svi moji prijatelji su ili u braku, dosadni i depresivni; ili su samci, dosađuju se i depresivni; ili su se odselili kako bi izbegli dosadu i depresiju. A neki od njih su kupili kuće, što mora da je poljubac smrti, šta to uradi od čovekove ličnosti. Kad ti neko kaže da je upravo kupio kuću, mogao bi isto tako da ti kaže da njegova ličnost više ne postoji. Odmah možete pretpostaviti toliko mnogo stvari: da je zarobljen na poslu koji mrzi; da je švorc; da svake večeri gleda video kasete; da ima viška sedam kilograma; da više ne sluša nikakve nove ideje. To je tako depresivno. A *najgore* je to što ljudi čak i ne *vole* kuće u kojima žive. Ono malo sretnih trenutaka koje imaju, jesu trenuci kada maštaju o *unapređenju*.

Bože, otkud sam odjednom postao ovako mrzovoljan?

Svet je postao jedna velika tiha kuća kao Didrina kuća u Teksasu. Život ne *mora* da bude takav.

Ranije sam napravio grešku i žalio se kako u kući nema ničeg zabavnog, na šta se moj otac našalio, „Nemoj nas ljutiti, inače ćemo se preseliti u stan bez gostinske sobe i posteljine, kao što su to učinili roditelji svih tvojih prijatelja." Mislio je da mu je fora dobra.

Ušuškavanje nadole: Tendencija roditelja da se sele u manje kuće bez gostinskih soba pošto se deca isele kako bi izbegli da se deca od 20 do 30 godina starosti vraćaju kući kao bumerang.

Zavist kućevlasnika: Osećanja ljubomore koje imaju mladi i oni bez prava glasa kada se suoče sa surovom stambenom statistikom.

Baš.
Kao da bi se oni ikad odselili. Znam da neće nikad. Boriće se protiv sila promene; napraviće talismane protiv njih, talismane poput urolovanih novina koje mama pravi da bi založila vatru. Besposličiće u kući sve, dok budućnost, kao užasni oboleli lutalica, ne provali unutra i počini gnusan čin u obliku smrti ili bolesti ili vatre ili *bankrota* (a to je ono čega se *stvarno* plaše). Poseta lutalice će ih izbaciti iz spokoja; potvrdiće njihovu nervozu. Znaju da je njegov užasan dolazak neizbežan, i mogu da vide gnojave lezije na tom lutalici zelene boje bolničkih zidova, u odeći nasumice odabranoj iz kanti iza depoa Američkog kluba za dečake i devojčice[1] u Santa Moniki, gde provodi i noći. I znaju da on nema nikakvu zemlju i da neće pričati o televiziji i da će zarobiti vrapce u kućicu za ptice uz pomoć izolir trake.

Ali ne žele da razgovaraju o njemu.

U jedanaest sati, i mama i tata spavaju a Tajler je i dalje negde na zabavi. Kratak telefonski razgovor sa Dagom mi vraća uverenje da život postoji još negde u univerzumu. Vest dana bila je da je paljevina Aston Martina dospela na sedmu stranu Dezert Sana (šteta od više od sto hiljada dolara, što je na nivou prekršaja), a da se Skiper pojavio kod Lerija, naručio storm[2], a onda izleteo kada mu je Dag tražio da plati. Dag mu je glupavo progledao kroz prste. Mislim da imamo problem.

---

[1] *Orig.* Boys and Girls Club of America. Organizacija koja pomaže mladima koji su prepušteni sami sebi, kroz bezbedno druženje i podučavanje. (*Prim. prev.*)

[2] Vrsta bezalkoholnog gaziranog pića, s ukusom limete. (*Prim. prev.*)

„O, da. Moj brat, pisac džinglova, poslao mi je stari padobran da uvijem Saba u njega preko noći. I to mi je neki poklon."

Kasnije, gutam kutiju čokoladnog keksa dok gledam kablovsku. Još kasnije, dok se razvlačim po kuhinji, shvatam da mi je toliko dosadno da mislim da ću se onesvestiti. Dolazak kući za Božić nije bio dobra ideja. Suviše sam star. Pre mnogo godina, kada bih se vraćao iz škole ili s putovanja, uvek sam očekivao neku vrstu nove perspektive ili svežeg uvida u porodicu po povratku. To se više ne dešava – dani otkrovenja o mojim roditeljima, bar, završeni su. Ostaju mi dvoje finih ljudi, samo da znate, što je više nego što većina ljudi dobije, ali vreme je da se ide dalje. Mislim da bi nam svima to odgovaralo.

MANJE JE MOGUĆNOST

TRANS FORMACIJA

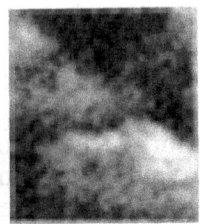

Božić. ¶Od ranog jutra sam u dnevnoj sobi sa svećama – stotinama, moguće hiljadama sveća – kao i silnim rolnama besne, bleštave aluminijumske folije i gomilama papirnih tanjirića. Postavljao sam sveće na svaku moguću ravnu površinu, a folija mi je služila ne samo da spreči da vosak ne iscuri na nameštaj već i da uz odsjaj udvostruči plamen sveća. ¶Sveće su svuda: na klaviru, na policama za knjige, na stočiću, iznad kamina, u kaminu, na simsu koji nas štiti od normalno ušljivog tamnog mokrog sjaja vremena. Samo na vrhu police od orahovine u kojoj je muzički uređaj mora da ima najmanje pedeset sveća, esperanto porodični portret svih veličina i nivoa. Zaštićeni likovi iz stripova stoje među srebrnim vrtlozima, prečkama žute i zelene boje. Ima kolonada boje maline i belih čistina – izmešana i pomršena demonstracija za nekoga ko nikad ranije nije video sveću. ¶Čujem korake na spratu i moj otac viče odozgore, „Endi, jesi li ti to dole?" ¶„Srećan Božić, tata. Jesu li svi ustali?" ¶„Skoro. Majka baš sada udara Tajlera u stomak. Šta to radiš tamo dole?" ¶„To je iznenađenje. Obećaj mi nešto. Obećaj da

nećete silaziti sledećih petnaest minuta. Samo toliko mi je potrebno – petnaest minuta."
„Ne brini. Njegovom Veličanstvu će sigurno trebati najmanje toliko vremena da se odluči između gela ili musa."
„Znači obećavaš?"
„Petnaest minuta, počinje sad..."
Jeste li ikad pokušali da zapalite hiljade sveća? Traje duže nego što mislite. Koristeći običnu belu večernju sveću kao gorilo, sa posudom ispod, kako bih sakupio vosak koji curi, palim fitilje mojih beba – moje mreže zavetnih sveća, platune *yahrzeit*[1] sveća i poneke zalutale peščane sveće. Sve ih palim, i osećam kako se soba zagreva. Moram da otvorim prozor kako bi ušao kiseonik i hladan vetar. Završavam.

Uskoro se tri člana porodice Palmer koji ovde žive okupljaju na vrhu stepenica. „Sve je spremno, Endi. Silazimo", viče tata, uz pratnju Tajlerovih stopala koji bučno silazi niz stepenice i potmulim glasom viče, *„nove skije, nove skije, nove skije, nove skije..."*

Mama pominje da oseća miris voska, ali glas joj se brzo gubi. Vidim ih već iza ugla a oni mogu da vide i osete buterasto žut pritisak plamena koji isijava iz dnevne sobe. Stižu.

„Oh, moj —" reče mama, dok njih troje ulaze u sobu, bez reči, polako se okrećući oko sebe, gledajući obično sumornu dnevnu sobu prekrivenu istopljenim živim prelivom za tortu od bele vatre, sve površine progutane plamenovima – začaravajuće prolazno carstvo idealnog svetla. Svi smo odjednom oslobođeni vulgarnosti gravitacije; ulazimo u car-

---

[1] *Jidiš.* Memorijalna sveća za mrtve. *(Prim. prev.)*

stvo gde sva tela mogu da izvode akrobacije kao astronauti u orbiti, potpomognuti od strane grozničavih ližućih senki.

„Kao *Pariz*..." kaže tata, misleći na, siguran sam, katedralu Notr Dam dok udiše vazduh – vreo i neznatno oprljen, kao što vazduh mora da miriše pošto, recimo, NLO za sobom ostavi izgoreli krug u polju žita.

I ja posmatram rezultate mog dela. U glavi ponovo smišljam ovaj stari prostor u eksploziji hrom žute boje. Efekat je veći nego što sam mogao zamisliti; ovo svetlo bezbolno i bez ogorčenja gori acetilenske rupe na mom čelu i čupa me iz sopstvenog tela. Od ovog svetla gore i oči članova moje porodice, iako možda samo na trenutak, sa mogućnošću postojanja u našem vremenu.

„O, Endi", reče moja majka, sedajući, „Znaš li na šta ovo liči? To je kao san koji svi ponekad sanjamo – onaj kada si u svojoj kući i iznenada otkriješ novu sobu za koju nisi znao da postoji. Ali kada vidiš sobu, kažeš sam sebi, *„O, očigledno – naravno da je tamo soba. Oduvek je bila."*"

Tajler i tata sedaju, sa zadovoljnom nespretnošću vlasnika dobitnog tiketa na lutriji. „To je video, Endi", reče Tajler, „totalni *video*."

Ali postoji problem.

Kasnije se život vraća u normalu. Sveće se polako same gase i vraća se normalni jutarnji život. Mama ode da spremi kafu; tata deaktivira detektore za dim kako bi sprečio zvučnu nesreću; Tajler pretura po svojoj čarapi i uništava poklone. („Nove skije! Sada mogu da umrem!")

Ali imam taj osećaj...

To je osećaj da naša osećanja, iako divna, hlape u vakuumu, i mislim da se sve svodi na to da smo mi srednja klasa.

Znate, kad ste srednja klasa, morate živeti sa činjenicom da će vas istorija ignorisati. Morate živeti sa činjenicom da istorija nikada ne može podržati principe za koje se zalažete i da se istorija nikad neće sažaliti nad vama. To je cena koju morate platiti za svakodnevni komfor i tišinu. I zbog te cene, sve sreće su sterilne; a zbog toga niko ne žali.

I svaki kratak trenutak intenzivne, zasenjujuće lepote kao ovaj jutros biće sasvim zaboravljen, razložen vemenom kao film super-osmice ostavljen na kiši, bez zvuka, i brzo zamenjen hiljadama stabala koja u tišini rastu.

DOBRO DOŠAO IZ VIJETNAMA, SINE

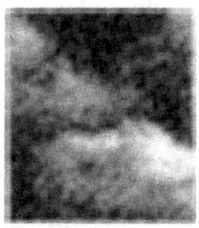

Vreme je da se pobegne. Želim nazad u svoj pravi život sa svim čudnim mirisima, džepovima usamljenosti, i dugih, jasnih vožnji kolima. Želim svoje prijatelje i moj glupi posao deljenja koktela olupinama koj su nekada bile ljudi. Nedostaju mi vrelina i suvoća i svetlost. ¶„*Dobro* ti je tamo dole u Palm Springsu, zar ne?" pita Tajler dva dana kasnije dok jurimo uz planinu kako bismo posetili Vijetnamski memorijal na putu za aerodrom. ¶„Dobro, Tajlere – *pričaj*. Šta su mama i tata pričali?" ¶„Ništa. Samo često uzdišu. Ali ne uzdišu zbog tebe *onoliko* koliko uzdišu zbog Di ili Dejvija." ¶„O?" ¶„Šta uopšte *radiš* tamo dole? Nemaš TV. Nemaš prijatelje..." ¶„E, baš imam prijatelje, Tajlere." ¶„Okej, imaš prijatelje. Ali brinem se za tebe. To je sve. Izgledaš kao da samo grebeš površinu života, kao vodeni pauk – kao da imaš neku tajnu koja te sprečava da uđeš u običan svakodnevni svet. *I to je u redu* – ali me plaši. Ako bi, pa, ne znam, *nestao* ili tako nešto, ne znam da li bih sa tim mogao izaći na kraj." ¶„Pobogu, Tajlere. Nigde ja ne idem. Obećavam. Iskuliraj, u redu? Parkiraj se tamo..." ¶„Obećavaš da ćeš me na vreme upozoriti? To jest, ako odeš ili doživiš metamorfozu ili šta već planiraš da uradiš..." ¶„Ne budi tako sumoran. Da, naravno, obećavam." ¶„*Samo me ne ostavljaj*. To je sve. Znam – čini se da ja uživam u onome šta mi se sa životom događa i sve, ali čuj, srcem sam samo dopola u tome. Nepravedno osuđuješ mene i moje prijatelje ali ja bih se *svega* ovoga odrekao za *tren* kada bi mi neko ponudio čak i iole uverljivu alternativu."

„Tajlere, *prestani*."

„Muka mi je što sam tako ljubomoran na sve, Endi..." Momak nikako da stane. „... I plašim se zato što ne vidim budućnost. I ne razumem taj moj refleks da se za sve pravim pametan. *Zaista* se plašim. Možda ne izgleda da obraćam pažnju na bilo šta, Endi, ali itekako obraćam. Ali ne mogu sebi da dozvolim da to pokažem. A ne znam zašto."

Hodajući ka ulazu u memorijal, pitam se šta je sve to bilo. Pretpostavljam da ću morati da budem (kako Kler kaže) „samo malo malecko veseliji zbog nekih stvari". Ali teško je.

U Brukingsu su preneli 363 tone ribe preko dokova a u Klamat Folzu predstavljena je stoka iz Aberdin Engusa. A Oregon je zaista bio zemlja meda, još 1964. u njoj je 2000 pčelara imalo licencu.

Vijetnamski memorijal se zove Vrt utehe. To je spirala u Gugenhajm stilu isklesana na obronku planine nalik gomilama smaragda poprksanim smesom

---

Mere protiv izrugivanja: Taktika životnog stila; odbijanje da se emotivno bilo kako otvorite kako bi se izbeglo podrugivanje od strane vama sličnih. *Mere protiv izrugivanja* su glavni cilj *Ironije do kolena*.

od povrća. Posetioci započinju s posetom na dnu vijugave staze koja ide nagore i čitaju sa nizova kamenih blokova sa isklesanim tekstom koji opisuje kako su se stvari zaoštravale u vijetnamskom ratu u poređenju sa svakodnevicom kod kuće u Oregonu. Ispod tih suprotstavljenih priča isklesana su imena kratko podšišanih momaka iz Oregona koji su poginuli u stranom blatu.

Mesto je istovremeno značajan dokument i začarani prostor. Tokom čitave godine, dolaze turisti i rodbina poginulih svih doba i svakakvog izgleda u različitim fazama psihičkog raspadanja, obnavljanja i reintegracije, ostavljajući za sobom male bukete cveća, pisama i crteža, često u drhtavom rukopisu, nalik dečijem, i naravno, suze.

Tajler pokazuje minimum poštovanja tokom ove posete, to jest, nema napade spontanog pevanja i igranja kakve bi možda imao da smo u šoping centru Klakamas okruga. Njegov raniji ispad je završen

---

Razlikovati nijanse zelenog: Znati razliku između zavisti i ljubomore.[1]

Ironija do kolena: Sklonost da se prave uvredljivi ironični komentari kao povratne stvari u svakodnevnom razgovoru.

Apatija izazvana slavom: Stav da nije vredno baviti se ijednom aktivnošću ukoliko vam ona ne omogućava da se proslavite. *Apatija izazvana slavom* imitira lenjost, ali su njeni koreni mnogo dublji.

---

[1] Od metafore na engleskom jeziku za ljubomoru: *green-eyed monster* (=zelenooko čudovište). (*Prim. prev.*)

i nikada neće, siguran sam u to, biti pomenut. „Endi, ne *kapiram*. Hoću da kažem, ovo je dovoljno kul mesto i tako to, ali zašto bi tebe zanimao *Vijetnam*. Rat se završio i pre nego što si ti bio u pubertetu."

„Teško da sam stručnjak za tu tematiku, Tajlere, ali *ipak* se sećam nekih stvari. U izmaglici; stvari sa crno-belog televizora. Dok sam rastao, Vijetnam je bio boja pozadine života, kao crvena ili plava ili zlatna – sve je prožimao. I onda iznenada jednog dana samo je nestao. Zamisli da se jednog jutra probudiš i shvatiš da je odjednom nestala zelena boja. Dolazim ovde da vidim boju koju više nigde drugde ne mogu da vidim."

„Pa, *ja* se ne sećam ničega u vezi sa njim."

„Ne bi ni želeo. Bila su to gadna vremena..."

Izvlačim se od Tajlerovog ispitivanja.

Okej, *da*, mislim sâm za sebe, *bila* su to gadna vremena. Ali je to bilo i jedino vreme koje sam imao – istinski istorijsko vreme sa velikim *I*, pre nego što je *istorija* pretvorena u saopštenje za štampu, marketinšku strategiju i cinično oruđe za kampanju. I *hej*, nije baš da sam mogao da prisustvujem stvarnoj istoriji puno – stigao sam da vidim koncert u areni istorije baš kada se završavao poslednji blok melodija. Ali video sam dovoljno, i danas, u bizarnom

NOSTALGIJA JE ORUŽJE

odsustvu svih migova vremena, potrebna mi je neka važna veza sa prošlošću, ma koliko ta veza bila bleda.

Trepćem, kao da izlazim iz transa. „Hej, Tajlere – jesi spreman da me voziš na aerodrom? Let 1313 za Glupograd bi trebalo uskoro da krene."

Letim preko Finiksa, i nekoliko sati kasnije, opet u pustinji, taksijem se vraćam kući s aerodroma jer je Dag na poslu a Kler još uvek u Njujorku.

Nebo je sanjiv tropski crni baršun. Njišuće leptir-palme izvijaju se da ispričaju punom mesecu masni vic o farmerovoj ćerki. Suvi vazduh škripi od polenovog promiskuiteta o kome se naveliko priča, i nedavno potkraćeno drvo ponderosa limuna u blizini miriše čistije od ičega što sam ikad pomirisao. Oštro. Psi nisu tamo, i zaključujem da ih je Dag ostavio napolju da se šunjaju u potrazi za plenom.

Ostavljam kofere ispred male njihajuće kapije od kovanog gvožđa od dvorišta koje povezuje sve naše bungalove, i ulazim unutra. Poput voditelja kviza koji pozdravlja novog takmičara, kažem „Zdravo, vrata!" Klerinim i Dagovim ulaznim vratima. A onda odlazim do svojih vrata, iza kojih čujem telefon koji je upravo zazvonio. Ali to me ne sprečava da cmoknem svoja ulazna vrata. Hoću da kažem, zar *vi* ne biste?

AVANTURA BEZ RIZIKA JE DIZNILEND

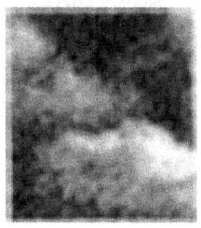

Kler zove iz Njujorka sa samouverenošću u glasu koje ranije nije bilo – više kurziva nego inače. Posle sitnih prazničnih pozdrava i želja, prelazim na stvar i pitam je Veliko pitanje: „Kako je prošlo sa Tobajasom?" ¶„*Comme çi, comme ça*.[1] Ovo zahteva cigaretu, sunašce – čekaj – trebalo bi da je ostala jedna u ovoj kutiji. *Bulgari*, pazi *to*. Mamin novi muž, Arman, *pun je k'o brod*. Ima marketinška prava na ona dva dugmenceta na telefonskim aparatima – zvezdica i nula. To je kao da imaš marketinška prava na *mesec*. Možeš li to da podneseš?" Čujem škljocanje dok ona pali jednu od sobranije cigareta[2] koju je ukrala Armanu. „Da, Tobajas. Pa. Kakav slučaj." Dubok uzdah. ¶Tišina. ¶Izdah. ¶Testiram: „Kada si ga konačno videla?" ¶„Danas. Možeš li da veruješ? Pet *dana* posle Božića. Neverovatno. Sve sam isplanirala da se ranije vidimo, ali me je stalno otkačinjao, tikva jedna. Konačno je trebalo da se sretnemo za ručak u Sohou[3], uprkos činjenici da sam se osećala kao ispljuvak posle lumperaja sa Alanom i

---

[1] *Francuski:* tako-tako. (*Prim. prev.*)
[2] Vrsta skupocenih ruskih cigareta. (*Prim. prev.*)
[3] Četvrt na jugu Menhetna u Njujorku. (*Prim. prev.*)

njegovim ortacima prethodne noći. Čak sam uspela i da stignem u Soho ranije – i tamo provalim da je restoran zatvoren. Prokleti apartmani, *sve* uništavaju. Ne bi prepoznao Soho sada, Endi. Liči na Diznijev zabavni park, sem što ljudi imaju bolje frizure, a i suveniri su lepši. Svi imaju IQ od 110 ali ga nose s ponosom kao da je 140 i svaka druga osoba na ulici je Japanac koji nosi okolo postere Endija Vorhola i Roja Lihtenštajna[1] koji vrede njihovu težinu u uranijumu. I *svi* izgledaju tako samozadovoljno."

„Ali šta je bilo sa Tobajasom?"

„Da, da, da. I tako sam ja došla ranije. A napolju je *h-l-a-d-n-o*, Endi. Šokantno hladno; da-ti-otpadnu-*uši* hladno, i tako moram da provodim više vremena po radnjama nego što je normalno, gledajući đubre na koje ne bih normalno potrošila niti jednu nanosekundu – samo da bih se zagrejala. I tako, u svakom slučaju, stojim ti ja u jednoj radnji, i koga vidim s druge strane ulice kako izlazi iz Meri Bun galerije nego Tobajas sa jednom zaista otmenom starijom ženom. Pa, ne preterano starom, ali nosatom, a na sebi je imala polovinu kanadske nacionalne proizvodnje krzna. Bila bi zgodniji muškarac nego žena. Znaš, bila je *taj* tip. I pošto sam je malo podrobnije pogledala, shvatila sam po njenom izgledu da ona mora da je Tobajasova majka, a u to me je uverila i činjenica da su se raspravljali. Podsetila me je na nešto što je Elvisa imala običaj da kaže, da ako je jedna osoba u paru isuviše upadljivog izgleda, onda je bolje da se nadaju da imaju dečaka pre nego devojčicu jer bi devojčica ispala pre neka vrsta čudaka a ne lepotica. I tako su Tobajasovi ro-

---

[1] Čuveni američki slikari, začetnici pop-arta. (*Prim. prev.*)

ditelji imali *njega*. *Vidim* od koga je nasledio izgled. Odskakutala sam preko ulice da ih pozdravim."

„I?"

„Mislim da je Tobajasu laknulo što prekidam njihovu raspravu. Poljubio me je tako da su nam se usne praktično zaledile jedna uz drugu, koliko je bilo hladno napolju, i onda me okrenuo da upoznam tu ženu, rekavši, ‚Kler, ovo je moja mjaka, *Elena*.' Zamisli da izgovaraš ime svoje majke kao da je vic. Tako nepristojno.

U svakom slučaju, *Elena* teško da je bila ista žena koja je plesala sambu noseći bokal limunade u Vašingtonu, pre toliko godina. Izgledala je kao da se otad prilično smanjila; osetila sam zveckanje nekoliko bočica s pilulama u njenoj tašni. Prvo što mi je rekla je ‚O, kako *zdravo* izgledaš. Tako preplanula.' Ni zdravo. Bila je dovoljno uljudna, ali mislim da je koristila glas kojim se obično obraća prodavcima u radnjama.

Kada sam rekla Tobajasu da je restoran u koji je trebalo da idemo zatvoren, ponudila se da nas vodi na ručak u ‚svoj restoran' u gornjem delu grada. Mislila sam da je to slatko s njene strane, ali Tobajas je oklevao, što i nije bilo bitno, jer je Elena pre-

uzela kontrolu. Mislim da nikad ne dozvoljava majci da upozna ljude iz njegovog života, pa je ona bila samo radoznala.

I tako smo krenuli ka Brodveju, njih dvoje udobno utopljeni u krznu (Tobajas je nosio krzno – kakav kreten), dok smo ja i moje kosti kloparale od hladnoće u običnom štofu. Elena mi je pričala o svojoj umetničkoj zbirci („Ja *živim* za umetnost') dok smo se gegali kroz tu izlomljenu pozadinu ugljenisanih zgrada koje su mirisale slano na kavijar, odraslih muškaraca sa konjskim repićima i u Kenzo odelima, i mentalno obolelih klošara sa Sidom koje su otprilike svi ignorisali."

„U koji ste restoran otišli?"

„Uzeli smo taksi. Zaboravila sam ime restorana: negde u Istočnoj šezdesetoj ulici. *Trop chic*,[1] doduše. Sve je *très trop chic* ovih dana: čipka i sveće i patuljasti narcisi i brušeno staklo. Divno je mirisalo, kao šećer u prahu, i osoblje se prosto *prostiralo* pred Elenom. Smestili su nas u separe za bankete, a jelovnik je bio ispisan kredom na drvenoj tabli, baš kako volim jer to dodaje osećaj odomaćenosti čitavom mestu. Ali ono što je bilo čudno je način na koji je konobar okrenuo jelovnik samo prema meni i Tobajasu. Ali kada sam htela da ga okrenem, Tobajas mi reče, ,Ne trudi se. Elena je alergična na sve poznate grupe hrane. Jedino što ovde jede je začinjeni proso i kišnicu koju donose iz Vermonta u pocinkanoj kanti.'

Nasmejala sam se, ali i brzo prestala kada je Elenin izraz lica pokazao da je ovo, zapravo, tačno. Onda je došao konobar da joj kaže da ima poziv i ona je odustvovala tokom čitavog ručka.

---

[1] *Francuski:* suviše otmeno. *(Prim. prev.)*

Oh – ako ti nešto znači, Tobajas te pozdravlja", reče Kler, paleći još jednu cigaretu.

„Uf! Baš pažljivo s njegove strane."

„Dobro, dobro. Primila sam sarkazam k znanju. Iako je jedan ujutru ovde, *još uvek* primećujem stvari. Gde sam stala? Da – Tobajas i ja smo sami prvi put. I da li ga pitam ono što želim? Zašto me je ispalio u Palm Springsu ili kuda ide naša veza? *Naravno da ne*. Sedela sam tamo, brbljala i jela hranu koja je, moram reći, bila izuzetno ukusna: salata od korena celera u remuladi i ribu kovač u perno sosu. *Mljac*.

Ručak je zapravo bio kratak. I pre nego što sam shvatila, Elena se vratila i *zum*: izašli smo iz restorana, *zum*: cmoknula me je u obraze, i onda *zum*: sela je u taksi i krenula ka Leksington aveniji. Nikakvo čudo što je Tobajas tako nevaspitan. Pogledaj od koga je *učio*.

I tako smo bili na trotoaru i nastao je vakuum aktivnosti. Mislim da poslednje što smo oboje u tom trenutku želeli jeste da razgovaramo. Šetali smo uz Petu aveniju do Metropoliten muzeja, u kojem je bilo divno i toplo, puno muzejskog eha i lepo obučene dece. Ali Tobajas je morao da upropasti kakvo god raspoloženje da je bilo kada je napravio veliku scenu u garderobi, govoreći jadnoj ženi da stavi njegovu bundu pozadi kako je borci za prava živo-

KONTROLA

NIJE

KONTROLA

tinja ne bi polili farbom. Posle toga smo otišli do dela sa egipatskim statuama. Bože, kako su ti ljudi bili sićušni.

Je l' suviše dugo pričam?"

„Ne. Arman plaća, ionako."

„Okej. Suština svega ovoga je da na kraju, ispred fragmenata koptske grnčarije, dok smo se nas dvoje osećali tako besciljno pretvarajući se da između nas postoji nešto kada smo oboje znali da nema ničega među nama, odlučio je da mi kaže šta mu je na pameti – Endi, sačekaj tren. Umirem od gladi. Čekaj da vidim šta ima u frižideru."

„Sada? Ovo je najinteresantniji deo..." Ali Kler je već spustila slušalicu. Koristim njeno odsustvo kako bih skinuo jaknu izgužvanu od puta i sipao čašu vode, puštajući da voda iz česme isteče petnaest sekundi kako bi istekla sva ustajala voda iz cevi. Zatim palim lampu i udobno se zavaljujem na sofi spuštajući noge na otoman.

„Tu sam", reče Kler, „sa divnim parčetom kolača od sira. Hoćeš li pomoći Dagu da vodi bar na zabavi Banija Holandera sutra uveče?"

(Kakvoj zabavi?)

„Kakvoj zabavi?"

„Izgleda da ti Dag nije još rekao."

„Kler, šta je *Tobajas* rekao?"

Čujem je kako udiše. „Rekao mi je *deo* istine, u najmanju ruku. Rekao je da zna da je jedini razlog zašto mi se sviđa njegov izgled i da nema svrhe da to poričem. (Nisam ni *pokušala*.) Rekao je da zna da je njegov izgled jedina dopadljiva stvar u vezi s njim i da je onda bolje da to i koristi. Zar to nije tužno?"

Mrmljam u znak odobravanja, ali razmišljam o nečemu što je Dag rekao prošle nedelje, da je Tobajas imao neki drugi, sumnjivi razlog zašto se viđa sa

Kler – zašto bi prelazio preko planina kad bi mogao imati bilo koju. To je, za mene, važnije priznanje. Kler mi čita misli:

„Ali korišćenje nije bilo samo jednostrano. Rekao je da je za njega moja najprivlačnija crta bilo njegovo ubeđenje da sam ja znala tajnu života – neko magično poimanje koje sam imala i koje mi je pružilo snage da napustim svakodnevno obično postojanje. Rekao je da ga je zanimao život koji smo ti, Dag i ja izgradili ovde na ivici u Kaliforniji. I želeo je da sazna moju tajnu za sebe – za beg koji se nadao da će načiniti – sem što je shvatio slušajući naše razgovore da nema načina da to ikad stvarno učini. Nikad neće imati hrabrosti da se prepusti apsolutnoj slobodi. Nepostojanje pravila bi ga užasavalo. *Ne znam.* Zvučalo mi je kao neubedljivo sranje. Zvučalo je malo *suviše prikladno,* kao da ga je neko podučio šta da kaže. Bi li mu ti poverovao?"

Naravno da ne bih poverovao ni reč, ali uzdržavam se da kažem svoje mišljenje. „Neću da se mešam. Ali bar se čisto završilo – bez zapetljancija..."

„*Čisto?* Hej, dok smo izlazili iz galerije i išli Petom avenijom, čak smo i odradili onu ostaćemo-prijatelji glupost. Šta kažeš na to bezbolno sranje. Ali baš dok smo oboje hodali i smrzavali se i razmišljali o tome kako smo se lako oslobodili, pronašla sam štap.

Bila je to grana drveta u obliku slova Y koja je ispala sa kamiona gradskog zelenila. Savršenog oblika kao rašlje za pronalaženje vode. Pa! Kao da mi se predmet obraća s onog sveta! Jednostavno me je razbudio, i nikad u životu nisam pojurila ka predmetu tako instinktivno kao da je on neumitno deo mene – kao noga ili ruka koju sam neobavezno negde zaturila pre dvadeset sedam godina.

Posrnula sam napred, podigla je sa obe ruke, nežno je obrisala, ostavljajući deliće kore na crnim kožnim rukavicama, a onda uhvatila obe strane rašlji i zavrnula ruka na unutra – klasična poza za pronalaženje vode.

Tobajas reče, ‚Šta to radiš? Spusti to, sramotiš me‘, kao što bi i očekivao, ali sam je ja čvrsto držala, čitavim putem niz Petu aveniju sve do Eleninog stana u Pedesetoj ulici, gde smo išli na kafu.

Elenina zgrada je bila jedna ogromna zgrada iz tridesetih godina, u stilu moderne, sasvim bela, sa slikama eksplozivnog pop-arta, zlim malim kučićima, i sobaricom koja je igrala greb-greb u kuhinji. Čitav paket. Njegova porodica sasvim sigurno ima ekstremni ukus.

Ali osetila sam dok smo ulazili na vrata da me bogata hrana od ručka i burna noć sustižu. Tobajas je otišao da telefonira u drugoj sobi dok sam ja skinula jaknu i cipele i legla na kauč da se opustim i posmatram sunce koje je zalazilo za Karmin zgradom.[1] Bilo je to kao trenutno uništavanje – ta trenutna nejasna bumbarska popodnevna iscrpljenost oslobođena napetosti koju nikad ne osećaš uveče. I pre nego što sam mogla da je proučim, utopila sam se u nameštaj.

Mora da sam spavala satima. Kada sam se probudila, napolju je bio mrak i temperatura se spustila. Neko me je pokrio indijanskim ćebetom, a stakleni stočić je bio prekriven stvarima kojih tamo ranije nije bilo: kesice čipsa, časopisi... Ali ništa od toga nije imalo nikakvog smisla. Znaš kako se ne-

---

[1] *Orig.* The Lipstick Building. Neboder na uglu Treće avenije i Pedeset treće ulice na Menhetnu, ime dobio zbog svog neobičnog izgleda, koji podseća na karmin. (*Prim. prev.*)

kad probudiš iz popodnevnog dremeža sa drhtavicom ili napet? E to se meni dogodilo. Nisam mogla da se setim ko sam ni gde sam, ni koje je doba godine, *ništa*. Sve što sam znala je da *postojim*. Osećala sam se širom otvorenom, tako ranjivom, kao veliko polje koje je upravo požnjeveno. I tako kada je Tobajas izašao iz kuhinje, rekavši, ‚Zdravo, Rumpelštilchenu¹', vratilo mi se sećanje i osetila sam takvo olakšanje da sam počela da urlam. Tobajas mi priđe i reče, ‚Hej, šta je bilo? Ne plači po tkanini... dođi, mala.' Ali samo sam ga zgrabila za ruku i disala ubrzano. Mislim da ga je to zbunilo.

Posle jedno minut, smirila sam se, iscedila nos u papirnu maramicu koja je stajala na stočiću, a zatim posegnula za mojim rašljama i privila ih na grudi. Tobajas reče, ‚O Bože, nećeš valjda opet da se fiksiraš na *granu*, zar ne? Gledaj, *stvarno* nisam shvatio da će te raskid toliko pogoditi. Izvini.'

‚Molim?' rekoh. ‚Mogu sasvim dobro da se nosim sa našim raskidom, hvala lepo. Nemoj se precenjivati. Razmišljam o *drugim* stvarima.'

‚Kao na primer?'

‚Na primer da konačno znam zasigurno u koga ću da se zaljubim. Javilo mi se dok sam spavala.'

‚*Reci* mi, Kler.'

‚Možda ćeš ovo razumeti, Tobajas. Kada se vratim u Kaliforniju, uzeću ovaj štap i krenuti s njim u pustinju. Provodiću svaki sekund slobodnog vremena tamo – tražeći duboko zakopanu vodu. Goreću pod suncem i hodaću kilometrima po ničemu – možda vidim pticu trkačicu ili me ugrize obična ili rogata zvečarka. I jednog dana, ne znam kada, nai-

---

[1] Patuljak-vilenjak iz istoimene bajke braće Grim, i koji pomaže kćeri siromašnog mlinara. (*Prim. prev.*)

ći ću na dinu peska i naći ću još nekog ko takođe traži vodu. I ne znam ko će taj neko biti, ali u *njega* ću se zaljubiti. U nekoga u potrazi za vodom, baš kao ja.'

Uzimam kesicu čipsa sa stola. Tobajas mi kaže, ,To je zaista *sjajno*, Kler. Samo nosi vruće pantalonice bez gaćica i možda možeš da stopiraš i vodiš bajkerski seks po kombijima sa strancima.'

Ali ignorisala sam njegov komentar, i tada, dok sam uzimala čips sa staklenog stočića, našla sam iza kesice flašicu Honolulu ču-ču nijanse laka za nokte.

Pa.

Tobajas je video da sam je uzela i zabuljila se u etiketu. Nasmešio se dok je moj mozak bio prazan a zatim se u njega usadio taj grozni osećaj – kao nešto iz jedne od Dagovih horor priča gde se junak vozi u Krajslerovom sedanu i onda odjednom shvata da se lutajući ubica krije ispod zadnjeg sedišta sa komadom konopca.

Zgrabila sam cipele i počela da ih obuvam. A onda da oblačim jaknu. Kratko sam rekla da je vreme da krenem. Tada je Tobajas počeo da se istresa na mene tim sporim režećim glasom. ,Ti si tako *uzvišena*, zar ne, Kler. Tragaš za nežnim malim proviđenjima sa tvojim drugarima, čudacima iz staklenika,

---

MOŽDA SE NE RAČUNAŠ U NOVI POREDAK

tamo u Paklu-sa-palmama, *je li*? Pa, reći ću ti nešto, ja *volim* svoj posao ovde u gradu. Volim radno vreme i mozgalice i borbu za novac i statusne simbole, iako ti misliš da sam *bolestan* što želim da budem deo svega toga.'

Ali ja sam već krenula ka vratima; prolazeći pored kuhinje, nakratko sam videla, ali sasvim jasno, par mleko-belih prekrštenih nogu i oblake dima cigarete, sve zajedno uokvireno vratima kuhinje. Tobajas me je pratio u stopu sve do hodnika i liftova. Nastavio je, rekavši, ‚Znaš, kad sam te prvi put upoznao, Kler, pomislio sam da konačno imam šansu da budem nešto posebno za promenu. Da razvijem nešto uzvišeno u sebi. Ma *jebem ti uzvišeno*, Kler. Ja ne *želim* ljupke kratke trenutke proviđenja. Želim *sve* i to želim *odmah*. Želim da mi glavu razbije rulja besnih navijačica, Kler. *Nadrogiranih* besnih navijačica. Ti to ne *kapiraš*, zar ne?'

Pozvala sam lift i buljila u vrata, koja se, čini se, nisu mogla otvoriti dovoljno brzo. Šutnuo je jednog od pâsa koji nas je pratio, nastavljajući tiradu.

‚Želim *akciju*. Želim da budem para iz radijatora koja pišti na cementu Santa Monika autoputa pošto se naslaže hiljade automobila – dok se iz slupanih auta čuje esid rok u pozadini. Želim da budem čovek u crnoj vindjakni koji pali sirene za slučaj opasnosti. Želim da budem go i oprljen od vetra i jašem vodeću raketu od gomile koja je na putu da bombarduje svako malo jebeno selo na Novom Zelandu.'

Na sreću, vrata lifta se konačno otvaraju. Ulazim unutra i gledam u Tobajasa ne govoreći ništa. Još uvek je ciljao i pucao: ‚Ma idi dođavola, Kler. Ti i tvoj superiorni stav. Svi smo mi ukrasni psići; ja samo znam koja me ruka mije. Ali *hej* – kada bi više ljudi kao ti odlučilo da ne učestvuje u igri, lakše bi bilo ljudima kao ja da pobedimo.'

Vrata su se zatvorila i ja sam samo mahnula zbogom, i kada sam počela da se spuštam, malo sam podrhtavala – ali lutalica sa zadnjeg sedišta je nestao. Oslobodila sam se opsesije, i pre nego što sam stigla do prizemlja nisam mogla da verujem kakva sam proždrljivka ispranog mozga bila – zbog seksa, zbog poniženja, zbog pseudodrame... I odlučila sam odmah tada da nikada više ne iskusim tako nešto. Jedini način da se nosiš sa svim Tobajasima ovoga sveta je da ih *uopšte* ne pustiš u svoj život. Budi slep za ono što imaju da ponude. Bože, osetila sam takvo *olakšanje*; i nimalo se nisam ljutila."

Oboje razmišljamo o onome što je rekla.

„Jedi svoj kolač sa sirom, Kler. Treba mi vremena da sve ovo svarim."

„Ma ne. Ne mogu da jedem; izgubila sam apetit. Kakav dan. Uzgred, možeš li da mi učiniš uslugu? Možeš li da staviš malo cveća u vazu u mojoj kući da me sačeka kad se sutra vratim? Možda neke lale? Biće mi potrebne."

„O, znači li to da ćeš sada ponovo živeti u svom starom bungalovu?"

„Da."

PLASTIKA SE NIKAD
NE RAZGRAĐUJE

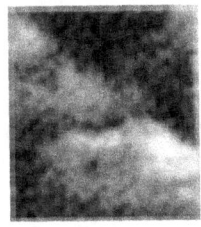

Danas je meteorološki izuzetno zanimljiv dan. Tornada puna prašine pogodila su brda Tanderberd Kova kod doline gde Fordovi žive; svi gradovi u pustinji su u opasnosti od iznenadnih poplava. U Rančo Miražu, žbun oleandra nije se pokazao kao dobra odbrana i propustio je trnovitu maglu suvog korova, lišća palmi i osušenih praznih boca limunade Big Galp koje je nosio vetar da izudaraju zid Dečjeg centra Barbara Sinatra. Ipak, vazduh je topao i sunce uporno sija. ¶„Dobro došao, Endi", viče Dag. „Ovakvo je vreme bilo stalno šezedestih godina." Stoji do struka u bazenu, prelazeći mrežicom preko površine vode. „*Gledaj* samo u to veliko veliko nebo. I znaš šta – dok nisi bio tu gazda je rešio da se otvori i kupio korišćeni prekrivač za bazen. I vidi šta se desilo —" ¶Desilo se to da je plastični pokrivač, posle više godina izloženosti suncu i rastvorenom granuliranom hloru, dostigao kritičnu tačku; smola u pokrivaču je počela da se raspada, ispuštajući u vodu hiljade sićušnih, lepršavih plastičnih latica koje su ranije bile mehuri u plastici. Radoznali psi, čije su zlatne šape greble o cementnu ivicu bazena, virili su u vodu, njušili ali ne i pili, i na kratko su pregledali Dagove noge, koje su me, sa tačkicama istrulele plastike svuda po njima, podsetile na jedan aprilski utorak u Tokiju, kada su latice cveta trešnje padale na zemlju. Dag im reče da brišu, da tu nema ničeg jestivog.

„Ne, hvala. Samo se ti zabavljaj. Jesi li čuo Klerine vesti?"

„Kako se rešila Ljigavca? Zvala me je jutros. Moram da kažem da se divim romantičnom duhu te devojke."

„Da, ona je nešto *posebno*, svakako."

„Stiže večeras oko jedanaest. I nas dvoje imamo iznenađenje za tebe. Mislimo da će ti se svideti. Nisi planirao da nikud ideš sutra, zar ne?"

„Ne."

„Dobro."

Pričamo o praznicima i opštem nedostatku zabave u njima, dok Dag sve vreme čisti bazen. Još uvek ne pitam ništa u vezi sa čitavim haosom oko Skipera i Aston Martina.

„Znaš, uvek sam mislio da se plastika nikad ne razgrađuje, ali zapravo se *razgrađuje*. *Pogledaj* samo – ovo je sjajno. I znaš šta – smislio sam i način da se rešimo sveg plutonijuma na svetu – sigurno i zauvek. Bio samo prosto *tako* pametan dok ste vi bili odsutni."

Otkucavanje đubreta: Sklonost da se, kada se posmatraju predmeti, procenjuje koliko će im vremena biti potrebno da se na kraju razgrade: *„Skijaške čizme su najgore. Čvrsta plastika. Ostaće sve dok sunce ne doživi super novu."*

„Drago mi je da čujem da si rešio najveći problem našeg doba, Dag. Zašto mi se javlja da ćeš mi to ispričati?"

„Kako si samo pronicljiv. Evo ovako..." Vetar uduva gomilu latica pravo u Dagovu mrežu. „Uzmeš sav plutonijum koji leži okolo, znaš, velike komade koje koriste za blokiranje vrata u elektranama. Uzmeš te velike komade i prekriješ ih čelikom, baš kao M&M bombonice,[1] i onda ih staviš u raketu i ispališ negde iznad zemlje. Tako, ako se raketa sruši, ti samo odeš, pokupiš bombonice i pokušaš ponovo. Ali rakete se *neće* srušiti, i plutonijum će biti ispaljen *pravo u sunce*."

„To zvuči okej, Dag, ali šta ako raketa padne u vodu i plutonijum potone?"

„Ispališ je u pravcu Severnog pola, tako da sleti na led. A i *ako* potone, pošalješ podmornicu da je pokupi. Ideja je toliko dobra da je i idiot može sprovesti. Bože, kako sam pametan."

„Siguran si da se nije već neko toga setio?"

„Možda. Ali to je i dalje najbolja ideja u opticaju. Uzgred, pomoći ćeš mi za barom večeras na velikoj žurci kod Banija Holandera. Stavio sam te na listu. Biće zabavno. Pod pretpostavkom, naravno, da vetar danas ne oduva sve kuće u nedođiju. Isuse, samo *slušaj*."

„Dag, a šta je sa Skiperom?"

„Šta s njim?"

---

[1] Američke čokoladne bombonice, originalno sa čokoladnim jezgrom prekrivenim glaziranim šećerom. Sada postoje u različitim varijacijama. (*Prim. prev.*)

Desetica: Prva decenija novog veka.

„Misliš li da će te ocinkariti?"
„I ako me ocinkari, ja ću poricati. I ti ćeš. Dvojica protiv jednog. Nemam nameru da mi sude zbog prekršaja."
I sama pomisao na bilo šta zakonski ili zatvorski orijentisano me užasava. Dag to vidi na mom licu:
„Ne sekiraj se, stari. Neće doći do toga. Obećavam. I znaš šta. Nećeš verovati čija su to kola bila..."
„Čija?"
„Banija Holandera. Čoveka na čijoj žurci večeras radimo."
„O, Gospode."

Nestalni golubije sivi strobovi reflektora trepere i jure ispod večerašnjih gustih oblaka, kao nedavno oslobođeni sadržaj Pandorine kutije.

U Las Palmasu sam, iza komplikovanog mokrog bara Novogodišnje zabave Banija Holandera ukrašene šljokicama. *Nouveaux riches*[1] face se unose u moju, istovremeno me gnjaveći za pića (bogataši skorojevići uvek tretiraju pomoćno osoblje kao smeće) i tražeći moje odobravanje – i moguće seksualne usluge.

Gosti su sa B-liste: TV novac nasuport filmskom novcu; previše pažnje posvećeno telima u kasnoj životnoj dobi. Boljeg izgleda ali previše golotinje; varljivo pseudozdravlje debelih ljudi oprljenih suncem;

---

[1] *Francuski:* novobogataši, skrojevići. (*Prim. prev.*)

Metafazija: Nesposobnost shvatanja metafora.

Dorijan-Grejisanje: Nespremnost da s ukusom dopustite sopstvenom telu da pokaže znake starenja.

anonimnost lica koju vidimo samo kod beba, starijih i ljudi sa previše plastičnih operacija na licu. Postoji nagoveštaj slavnih ličnosti, ali zapravo nema nijedne prisutne; previše novca i nedovoljno slavnih ljudi može biti ubitačna mešavina. I dok je zabava definitivno odlična, nedostatak slavnih smrtnika brine domaćina, Banija Holandera.

Bani je lokalno slavna ličnost. Producirao je hit predstavu na Brodveju 1956. godine, *Poljubi me, ogledalo*,[1] ili neku sličnu glupost, i živi od te slave skoro trideset pet godina. Ima sjajno sedu kosu, nalik na novine ostavljene napolju na kiši, i uvek zloban pogled zbog kojeg liči na zlostavljača dece, što je rezultat lančanih operacija lica počev još od šezdesetih. Ali zato Bani zna dosta odvratnih viceva i dobro se ophodi prema osoblju – najbolja moguća kombinacija – što nadomešćuje njegove nedostatke.

Dag otvara bocu belog vina: „Bani izgleda kao da je zakopao raskomadane delove skauta ispod svog trema."

„*Svi* mi imamo zakopane delove skauta ispod tremova, dragi", kaže Bani, prišunjavši se otpozadi (uprkos korpulentnosti) i pružajući Dagu svoju čašu. „Led za moje pićence, moliću." Namiguje, meša zadnjicom i odlazi.

Dag crveni, što mu je prvi put. „Mislim da nikad nisam video ljudsko biće sa više tajni. Žao mi je zbog njegovog auta. Voleo bih da je pripadao nekome koga ne volim."

Kasnije izokola pominjem Baniju izgoreli auto, pokušavajući da dođem do odgovora na pitanje koje me je kopkalo: „Video sam da su novine pisale o

---

[1] *Orig.* Kiss me, Mirror. (*Prim. prev.*)

tvom autu, Bani. Da nije imao stiker na braniku sa tekstom *Pitajte me za unuke?*"

„Oh, *to*. Mala smicalica mojih ortaka iz Vegasa. Šarmantni momci. Ne pričamo o *njima*." I razgovor je završen.

Imanje Holanderovih je izgrađeno u vreme prvih iskrcavanja na Mesec i liči na fantastičnu jazbinu izuzetno taštog i strašno pokvarenog međunarodnog kradljivca dragulja iz tog vremena. Na svakom koraku platforme i ogledala. Ima Nogučijevih i Kalderovih skulptura;[1] svi radovi od kovanog gvožđa imaju za motiv atomsku orbitu. Bar, sav u tikovini, mogao bi biti identičan nekom baru u, recimo, uspešnoj reklamnoj agenciji u Londonu u eri Tvigi[2]. Osvetljenje i arhitektura su osmišljeni prvenstveno sa ciljem da postignu da svi izgledaju *veličanstveno*.

Uprkos manjku slavnih ličnosti, žurka je *veličanstvena*, na šta skoro svi podsećaju jedni druge. Društveno biće kakav je Bani, on zna šta čini dobru zabavu. „Žurka jednostavno nije žurka bez bajkera, transvestita i manekena", pevuši stojeći pored omazanih tanjira patke bez kože u čileanskom sosu od borovnica.

Kaže ovo, naravno, potpuno uveren da su svi ovi tipovi (i više od njih) zastupljeni. Samo oni bez prava glasa mogu da se zabavljaju sa zanosom – mladi, istinski bogati stariji, stravično lepi, ekscentrični, odmetnici... Stoga na večerinki na opšte zadovoljstvo nema japija, što pominjem Baniju kada je do-

---

[1] Orig. *Isamu Noguchi*, poznati američki umetnik japanskog porekla, najpoznatiji po svojim skulpturama; i *Alexander Calder*, takođe američki umetnik, najpoznatiji po tome što je prvi počeo da stvara kinetičke skulpture. (*Prim. prev.*)

[2] *Orig.* Twiggy. Čuveni britanski supermodel, glumica i pevačica iz 1960-ih, stekla status pop-ikone. (*Prim. prev.*)

šao po devetnaesti vótka-tonik. „Mogao bi da pozoveš i drveće na žurku ako zoveš japije, dušo", reče on. „O, pogledaj – tamo je veliki balon." Nestaje. Dag je u svom elementu večeras, dok je rad barmena čisto posredna stvar za njegov lični plan konzumiranja koktela (ima groznu barmensku etiku), intenzivnih ćaskanja i gorljivih rasprava sa gostima. Veći deo vremena čak i ne provodi za barom već luta po kući i blještavo osvetljenoj bašti kaktusa, vraćajući se samo na mahove da podnese izveštaj.

„Endi – baš sam se sad *super* proveo. Pomagao sam onom Filipincu da baca komade piletine bez kostiju rotvajlerima. Zatvoreni su u kavez za večeras. A ona Šveđanka sa najlonskim uloškom za nogu bioničnog izgleda sve je snimila na šesnaest-milimetarskom filmu. Kaže da je pala na arheološkom nalazištu u Lesotu od čega su joj noge zamalo postale *osso buco*.[1]"

„To je sjajno, Dag. Da li bi sad mogao da mi dodaš dve flaše crvenog vina, molim te."

„Naravno." Dodaje mi vino, zatim pali cigaretu – ne pokazuje čak ni prividnu nakanu da radi za barom. „Razgovarao sam i sa onom Van Klijk damom – ona super-stara žena u mumu-u[2] i krznu lisice ko-

---

[1] Italijansko jelo, iz Milana: dinstane teleće kolenice. (*Prim. prev.*)
[2] *Orig.* Muumuu, vrsta široke havajske haljine. (*Prim. prev.*)

Opskurizam: Praksa začinjavanja svakodnevnog života opskurnim poređenjima (zaboravljenim filmovima, mrtvim televizijskim zvezdama, nepopularnim knjigama, nepostojećim zemljama, itd.) kao podsvesnim sredstvima prikazivanja sopstvenog obrazovanja i želje da se napravi otklon od sveta masovne kulture.

ja poseduje pola dnevnih novina na zapadu. Rekla mi je da ju je njen brat Klif zaveo u Montereju na početku Drugog svetskog rata, a onda nekako uspeo da se utopi u podmornici u blizini Helgolanda. Otad ona može da živi samo u vreloj, suvoj klimi – suprotno od kljakavih podmornica osuđenih na propast. Ali zbog načina na koji je ispričala priču, mislim da je *svima* govori."

Kako Dagu uspeva da izvuče ovakve stvari od stranaca?

Dalje, blizu glavnog ulaza, gde su neke sedamnaestogodišnjakinje iz Doline sa raščupanom kosom sirena ćuskale sa muzičkim producentom, video sam kako su ušli neki policajci. Žurka je takva da prosto ne znam jesu li oni jednostavno još jedan „tip" koji je Bani pozvao kako bi popravio atmosferu. Bani razgovara i smeje se sa policajcima, ali Dag to ništa ne vidi. Bani se dogega do nas.

„*Her Belinghauzen* – da sam znao da ste očajni kriminalac, ja bih vas pre *pozvao* na žurku a ne pustio da radite na njoj. Snage strahopoštovanja traže vas na vratima. Ne znam šta žele, dragi, ali ako ćeš napraviti scenu, učini mi uslugu i budi što *upadljiviji*."

Bani opet odleprša, a Dagovo lice poblede. Napravi grimasu ka meni a zatim prođe kroz otvorena staklena vrata, u suprtonom pravcu od policije, i dole ka kraju dvorišta.

„Pjetro", kažem, „možeš li me zameniti na trenutak? Moram nešto da obavim. Deset minuta."

„Donesi i meni nešto", kaže Pjetro, pretpostavljajući da idem do parkinga da ispitam šta je u ponudi od droga. Ali, naravno, ja idem za Dagom.

„Odavno se već pitam kako će izgledati ovaj trenutak", reče Dag — „ovaj trenutak kada će me konačno uhvatiti. Zapravo osećam olakšanje. Kao da sam upravo dao otkaz. Jesam li ti ikad ispričao priču o momku iz predgrađa koji je bio užasnut mogućnošću da može da se zarazi veneričnom bolešću?" Dag je dovoljno pijan da otvori dušu, ali ne dovoljno da bi bio glup. Noge mu vise sa ivice cementne cevi protiv poplava u kanalu pored Banijeve kuće, gde ga ja nalazim.

„Deset godina je proveo gnjaveći lekara da mu proverava krv i izvodi Vasermanov test,[1] dok konačno (pošto je uradio nisam siguran šta) nije stvarno i zaradio dozu. I tako on kaže svom lekaru, ,O – pa onda bolje da mi date penicilin.' Dobio je terapiju i nikad više nije razmišljao o bolesti. Samo je hteo da bude uhvaćen sa jednom. To je sve."

Ne mogu da zamislim manje bezbedno mesto na kome bismo sedeli u ovom trenutku. Iznenadne poplave su zaista *iznenadne* poplave. U jednom trenutku sve je superiška, u sledećem već vidite tu zapenušanu belu čorbu žbunja žalfije, napuštenih sofa i utopljenih kojota.

Stojeći ispod cevi, vidim mu samo noge. Akustika je takva da mu glas odzvanja u baritonu. Penjem se i sedam pored njega. Ima mesečine ali se mesec

---

[1] Po bakteriologu *Augustu von Wassermann*u; test na sifilis. (*Prim. prev.*)

ne vidi i jedini izvor svetlosti je vrh njegove cigarete. Baca kamen u tamu.

„Bolje bi bilo da se vratiš na žurku, Dag. Mislim, pre nego što pajkani ne zaprete pištoljima Banijevim gostima, tražeći od njih da otkriju gde se kriješ, ili tako nešto."

„Uskoro. Samo trenutak – čini se da su dani Daga Vandala odbrojani, Endi. Hoćeš cigaretu?"

„Ne sada."

„Znaš šta. Trenutno sam malo isprepadan. Zašto mi ne bi ispričao neku kratku priču – bilo šta – i onda ću poći."

„Dag, sad stvarno nije vreme..."

„Samo *jednu* priču, Endi, i da, sad *jeste* vreme."

U škripcu sam, ali za divno čudo, dolazi mi na pamet jedna majušna priča. „Dobro. Evo. Kada sam pre toliko godina bio u Japanu – na programu studentske razmene – živeo sam jedno vreme sa jednom porodicom koja je imala kćer, nekih četiri godine staru. Slatka mala.

I tako, pošto sam se uselio (kod njih sam proveo nekih šest meseci), odbijala je da prihvati moje prisustvo u kući. Ignorisala bi sve što bih joj rekao za večerom. Prošla bi pored mene u hodniku bez reči. Hoću da kažem, u njenom univerzumu ja *uopšte* nisam postojao. Ovo je, naravno, bilo vrlo uvredljivo; svako voli da o sebi misli kao o šarmantnom ljudskom biću koga životinje i mala deca instinktivno obožavaju.

Čitava situacija me je i nervirala, ali nisam mogao ništa da uradim po tom pitanju; ništa što bih pokušao nije je moglo navesti da izgovori moje ime ili na drugi način odgovori na moje prisustvo.

I tako sam jednog dana došao kući i našao da su papiri u mojoj sobi iseckani na komadiće – pisma i crteži na kojima sam već duže vreme radio – iseckani i našvrljani sa očiglednom zlobnom finesom malog deteta. Pobesneo sam. I kad je ubrzo procunjala pored moje sobe, nisam mogao da se uzdržim već sam je počeo grditi prilično glasno zbog onoga što je učinila, i na engleskom i na japanskom.

Naravno, odmah sam zažalio zbog toga. Otišla je i zapitao sam se da nisam preterao. Ali kroz nekoliko minuta mi je donela svoju bubu mezimca u malenom kavezu (popularna zabava dece u Aziji), uhvatila me za ruku, i odvela u baštu. Tamo je počela da mi priča priče o tajnom životu njenog insekta. Stvar je u tome da je morala biti kažnjena pre nego što će započeti komunikaciju. Sada mora da ima bar dvanaest godina. Dobio sam razglednicu od nje pre jedno mesec dana."

Mislim da me Dag nije slušao. A trebalo je. Ali želeo je samo da sluša moj glas. Bacili smo još nekoliko kamenova. Zatim, sasvim iznenada, Dag me upita znam li kako ću umreti.

„Belinghauzene, nemoj mi sada postati morbidan, u redu? Samo otidi tamo i popričaj sa policijom. Verovatno hoće samo nešto da te pitaju. To je sve."

„*Fermez la bouche*,[1] Endi. Pitanje je bilo retoričko. Da ti kažem kako mislim da ću *ja* umreti. Ovako. Imaću sedamdeset godina i sedeću ovde u pustinji, bez veštačke vilice – sve moji pravi zubi – noseći sivi tvid. Sadiću cveće – tanko, krhko cveće koje je izgubljeni slučaj u pustinji – kao ono malo crtano cveće koje klovnovi nose na vrh glave – u male saksije od klovnovskih šešira. Neće se čuti ništa do zujanja vrućine, a moje telo neće praviti senku,

---

[1] *Francuski:* Začepi, bukvalno: zatvori usta. (Prim. prev.)

pogrbljeno, udarajući lopaticom po kamenitoj zemlji. Sunce će biti direktno iznad mene a iza mene će se čuti to sjajno lepršanje krilima – glasnije nego što ijedna ptica može da leprša.

Polako se okrenuvši, skoro će me zaslepeti pojava anđela koji je sleteo, zlatnog i nagog, višeg od mene za glavu. Spustiću malu saksiju koju držim – nekako ću se činiti smeteno. I udahnuću još jednom, poslednji put.

Odatle, anđeo će me uhvatiti za krhke kosti i uzeti u naručje, i onda će biti samo pitanje vremena kada će me odneti, nečujno i sa apsolutnom naklonošću, pravo u sunce. "

Dag baca cigaretu i ponovo počinje da osluškuje zvuke sa žurke, koji su se jedva čuli kod jarka. „Pa, Endi. Poželi mi sreću", kaže, skačući sa cementne cevi, zatim napravivši nekoliko koraka, zastaje, okreće se ka meni govoreći, „Dođi, sagni se na čas ka meni." Poslušam ga, na šta me on poljubi, izazivajući u mom mozgu slike istopljenog plafona supermarketa kako u kaskadama curi ka nebu. „Eto. Oduvek sam želeo da to uradim."

Okreće se ka velikoj sjajnoj žurci.

IŠČEKUJ MUNJU

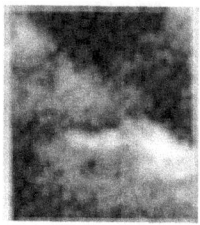

Nova godina. ¶Već osećam miris metana iz Meksika, na puškomet odavde, dok se topim u saobraćajnom haosu u Kaleksiku, Kalifornija, čekajući da pređem granicu dok sam okružen kolebljivim naduvanim fatamorganama prouzrokovanim isparenjima dizela. Kola mi stoje na obrubljenom i poluraspadnutom koridoru sa šest traka, osvetljenom umornim zimskim suncem na zalasku. Zajedno sa mnom u ovom linearnom prostoru jedva se miče i pravi presek ljudskog roda i njihovih vozila: tri istovetna farmera u pikapovima, sa entuzijazmom puštajući kombinaciju kantri i vestern muzike; brojna putnička kola sa zatamnjenim staklima sa gomilom iskuliranih japija u rej bankama (slabašna kombinacija Hendla i Filipa Glasa); *hausfraus*[1] iz okoline sa sve viklerima u kosi, na putu da kupe jeftinije potrepštine u meksičkim bakalnicama, i gutaju sinopsise telenovela u Hjundaijima sa veselim stikerima na branicima; penzionisani kanadski parovi koji liče ko jaje jajetu i svađaju se oko mapa koje se raspadaju jer su otvarane i sklapane isuviše često. Sa strane, menjači pesosa sa japanskim imenima sede u kios-

---

[1] *Nemački:* domaćice. (*Prim. prev.*)

cima ofarbanim u jarke boje poput šećerlema. Čujem pse. I ako bi mi se najednom prijeo hamburger ili poželim da imam meksičko osiguranje za kola, bilo ko od obližnjih prodavaca bi se polomio da udovolji mom hiru. Ispod haube folksvagena je gajba Evijan vode i bočica sredstva protiv dijareje – teško je rešiti se nekih buržoaskih navika.

Prošle noći sam došao kući u pet ujutru, iscrpljen pošto sam sâm morao da zatvorim bar. Pjetro i drugi bartender su zapalili ranije da idu u lov na ribe u noćni klub Pompej; Dag je otišao sa policijom da nešto uradi kod njih u stanici. Kada sam stigao kući, u svim bungalovima je bio mrkli mrak i otišao sam pravo u krevet – vesti o Dagovom okršaju sa zakonom i dobrodošlica za Kler će morati da čekaju.

Kada sam se probudio sledećeg jutra oko jedanaest, našao sam cedulju zalepljenu za moja ulazna vrata. Bila je od Kler:

Mili moj,

odosmo mi u San Felipe! meksiko nas doziva. dag i ja smo razgovarali preko praznika i ubedio me je da je sada pravo vreme, i tako ćemo kupiti mali hotel... što nam se ne pridružiš? hoću da kažem, šta nam je drugo činiti? i zamisli, mi hotelijeri? mozak to ne može da pojmi.

kidnapovali smo psiće, ali tebi prepuštamo da dođeš svojevoljno. noću zna da bude hladno, pa ponesi ćebiće. i knjige. i olovke. gradić je sićušan, pa samo traži dagov karavan kako bi nas našao. čekamo te très nestrpljivo. očekujemo da te vidimo večeras

voli te,
Kler

Na dnu je Dag dopisao:

*SKINI SVE SA ŠTEDNOG RAČUNA, PAL-
MERU.
DOLAZI OVAMO. TREBAŠ NAM.
P.S.: PRESLUŠAJ TELEFONSKU SEKRE-
TARICU*

Na sekretarici sam zatekao sledeću poruku:

"Pozdrav, Palmeru. Izgleda da si našao cedulju. Izvini na izrazu, ali sam skroz mrtav. Došao sam noćas u četiri i nisam ni probao da spavam – to mogu i u kolima dok putujem za Meksiko. Rekao sam ti da imamo iznenađenje za tebe. Kler je rekla, i u pravu je, da ako te pustimo da suviše razmišljaš o ideji sa hotelom, nikad ne bi došao. Previše analiziraš stvari. Zato ne razmišljaj o ovome – samo dođi, okej? Pričaćemo o tome kada dođeš.

A što se zakona tiče, pogodi šta je bilo? Skipera je juče udario i usmrtio GTO[1] *koji su vozili globalni tinejdžeri iz Orindž okruga, baš ispred prodavnice pića. Quelle sreća! U džepovima su mu našli silna ludačka pisma namenjena meni u kojima preti kako će me naterati da gorim kao što je auto goreo, i tome slično. Moi!*[2] *Zamisli kakav teror. I tako sam rekao policiji (što nije bila laž, ako mogu da dodam) da sam video Skipera na mestu zločina i pretpostavio sam da se Skiper plašio da ću ga prijaviti. Šta kažeš na tu eleganciju. I tako je slučaj*

---

[1] Model sportskog automobila marke Pontiac. (*Prim. prev.*)
[2] *Francuski:* ja. (*Prim. prev.*)

zatvoren, ali mislim da je ovaj mali šaljivdžija iskoristio svih devet života za vandalizam.
U svakom slučaju, vidimo se u San Felipeu.
Vozi pažljivo (Bože, kakva gerijatrijska opaska) i vidimo se već..."

„Hej, morono, miči to svoje dupe!" teroriše Romeo kratkog fitilja otpozadi, ablendujući mi iz svoje krntije od kamiona.
Nazad u stvarnost. Vreme da postanem živahan. Vreme da počnem da živim. Ali teško je.
Otpuštajući kvačilo, zanjihao sam se napred, približavajući se granici za jedan auto – jednu jedinicu bliži novijem svetu s manje novca, gde različiti lanac ishrane slika svoj domaći pejzaž na strane načine koje jedva da mogu da shvatim. Kada jednom pređem tu granicu, na primer, modeli automobila će misteriozno biti iz najkasnije tekslahomanske godine 1974, godine posle koje su tehnologije pravljenja motora postale suviše složene i nepopravljive – što je onemogućavalo njihov kanibalizam. Naći ću pejzaž naglašen oksidiranim, sprejom ofarbanim i probušenim „poluautomobilima" – poluvagonima isečenim po dužini, širini, i visini, ogoljenih delova i kulturno nevidljivi, poput Bunraku[1] lutkara iz Japana u crnim kapuljačama.

[1] Vrsta japanskog lutkarskog pozorišta. (*Prim. prev.*)

Terminalna žeđ za lutanjem: Često stanje kod ljudi prolaznog srednjeklasnog odgoja. Nesposobni da se osete ukorenjeni u bilo kojoj sredini, stalno se sele u nadi da će na narednoj lokaciji pronaći idealizovan osećaj zajedništva.

Dalje, u San Felipeu gde će moj – naš – hotel jednog dana postojati, naići ću na ograde sagrađene od kitovih kostiju, hromiranih branika tojote, i niti kaktusa savijene u bodljikavu žicu. A na gradskim delirijumski belim plažama biće retke figure uličnih derana, mračnih lica, previše izloženih suncu, beznadežno prodajući ljigave niske lažnih bisera i lance zlata za budale.

To će biti moj novi pejzaž.

Sa sedišta vozača u Kaleksiku vidim znojave gomile ljudi ispred sebe kako prelaze granicu pešice, noseći slamnate torbe prepune lekova protiv raka, tekile, violina od dva dolara i pahuljica.

I vidim ogradu na granici, lančana granična ograda koja me podseća na neke fotografije iz Australije – fotografije na kojima je ograda protiv zečeva rascepala pejzaž na dvoje: jedna strana ograde je hranljiva, bogata i puna zelenila; druga strana lunarna, granulirana, ispresecana i očajna. Mislim na Daga i Kler kada mislim na ovu podelu – i načinu na koji su odlučili svojevoljno da se nastane na lunarnoj strani ograde – ostvarujući svoje teške sudbine: Dag zauvek osuđen da zuri sa žudnjom u svoje sunce; Kler zauvek prelazeći preko peska svojim rašljama, moleći se da ispod njega pronađe vodu. A ja...

Da, pa, a šta je *sa* mnom?

Ja sam na lunarnoj strani ograde, toliko zasigurno znam. Ne znam gde ni kada, ali sam definitivno načinio takav izbor. Pa iako taj izbor može neki put biti usamljen i užasan, ne žalim zbog toga.

I činim *dve* stvari na mojoj strani ograde, i obe ove stvari su zanimanja likova iz dve *veoma* kratke priče koje ću ispričati na brzinu.

Prva priča se zapravo pokazala neuspešnom kada sam je ispričao Dagu i Kler pre nekoliko meseci: „Mladić koji je očajnički želeo da ga udari grom". Kao što sam naslov kaže, to je priča o mladiću koji je radio očajnički dosadan posao za nesavesnu korporaciju, koji se jednog dana odrekao svega – mlade verenice pocrvenele i besne pred oltarom, mogućnosti unapređenja na poslu, i svega ostalog za šta je ikad radio – sve da bi mogao da putuje preko prerija u slupanom starom pontijaku u potrazi za olujama, nesrećan zbog mogućnosti da mu čitav život proteče a da njega ne udari grom.

Kažem da je priča bila neuspešna, zato što, pa, ništa se *nije dogodilo*. Na kraju pričanja, Mladić je i dalje bio tamo negde, u Nebraski ili Kanzasu, trčkarajući okolo sa uvis ispruženim držačem zavese za kadu, moleći se čudu.

Dag i Kler su poludeli od radoznalosti, želeći da znaju gde je mladić završio, ali njegova sudbina os-

---

Kriptotehnofobija: Tajno verovanje da je tehnologija više napast nego blagodet.

Devičanska pista: Putno odredište izabrano u nadi da ga niko drugi nije izabrao.

Domorodačko majmunisanje: Pretvaranje da ste domorodac kada posećujete neko strano odredište.

Solipsizam stranaca: Kada stignete na neko strano odredište za koje ste se nadali da je neotkriveno, samo da biste našli puno ljudi baš nalik vama; besno odbijanje da razgovarate sa pomenutim ljudima jer su oni uništili vašu elitističku putničku fantaziju.

taje otvorena knjiga; bolje noću spavam znajući da mladić luta pustinjama.

Druga priča, pa, malo je komplikovanija, i nikada je nikome nisam do sada ispričao. Radi se o mladiću – *o, ma daj* – radi se o *meni*. Radi se o *meni* i još nečemu što očajnički želim da *mi* se desi, više nego išta drugo na svetu.

Želim ovo: želim da ležim na oštrim stenama Bahe u obliku mozga. Želim da ležim na tim stenama bez ikakvih biljaka oko mene, sa tragovima mora na mojim prstima i hemijskim suncem koje gori na nebu. Neće biti nikakvog zvuka, savršena tišina, samo ja i kiseonik, bez ijedne misli u mojoj glavi, sa pelikanima koji rone u okean u mojoj blizini loveći sjajna srebrna tela ribe.

Male posekotine od stena dovešće do krvarenja koje će se sušiti istom brzinom kojom bude i teklo, i moj mozak će se pretvoriti u tanak beli kanap zategnut ka nebu, sve do ozonskog omotača, zujeći kao žica gitare. I kao Dag na dan smrti, čuću takođe krila, samo što ću ja čuti krila pelikana, koji leti sa okeana – veliki glupavi pelikan srećnog izgleda koji će sleteti pored mene i onda, glatkim kožnatim nogama, dogegati se do mog lica, bez straha i sa elegantnim mahanjem – pokazujući grzacioznost hiljade somelijea – ponuditi mi na poklon jednu malu srebrnu ribu.

Žrtvovao bih *sve* da mogu da dobijem ovakav poklon.

Emalgracija: Migracija ka sredinama sa nižim tehnološkim i informatičkim dostignućima, sa takođe umanjenim naglaskom na potrošačkoj svesti.

1. JANUAR 2000.

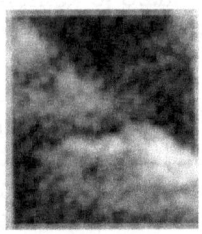

Dovezao sam se u Kaleksiko ovog popodneva preko mora Salton, ogromnog slanog jezera sa najnižom nadmorskom visinom u SAD. Vozio sam kroz kanjon Boks, kroz El Sentro... Kalipatriju... Broli... ¶Postoji osećaj velikog ponosa zbog zemlje ovde u okrugu Imperijal – *„Američkoj zimskoj bašti"*. Posle oštre neplodnosti pustinje, zapanjujuća plodnost ovog regiona – bezbrojna polja za ispašu ovaca i krava, dlake kao u dalmatinaca, i polja spanaća – čini se biološki nadrealnom. Ovde *sve* curi hranu. Čak i palme urmi koje opasuju autoput. ¶Otprilike pre sat vremena, dok sam se vozio ka granici kroz ovaj pejzaž sveobuhvatne plodnosti, dogodila mi se neobična stvar – o čemu osećam da moram da pričam. Ovako je to bilo: ¶Upravo sam sa severa stigao u Solton bazen, putem kroz Boks kanjon. Ušao sam u ovu oblast dobrog raspoloženja prolazeći kroz voćnjake limuna malog citrusnog grada po imenu Meka. Upravo sam bio ukrao toplu narandžu veličine lopte za kuglanje iz voćnjaka pokraj puta i video me je farmer koji se pojavio iza ugla na svom traktoru; samo se nasmešio, zagrabio u torbu pored sebe i dobacio mi još jednu. Oproštaj farmera se činio apsolutnim. ¶Nazad u kolima zatvorio sam sve prozore i ljuštio narandžu kako bih njen miris zarobio unutra, a vozio sam tako da je lepljiv sok bio svuda po volanu, a ja sam brisao ruke o pantalone. Ali vozeći preko brda odjednom sam ugledao horizont prvi put tog dana – preko Solton mora – i tada sam ugledao prizor od koga mi je srce zamalo iskočilo kroz usta, prizor zbog koga su mi stopala instinktivno pritisla kočnicu.

Bila je to vizija koja se mogla javiti samo u jednoj od Dagovih priča za laku noć: bio je to termonuklearni oblak – visoko na nebu koliko je horizont udaljen – ljutit i gust, sa glavom u obliku nakovnja veličine srednjovekovnog kraljevsta i taman kao spavaća soba noću.

Narandža mi je ispala na pod automobila. Parkirao sam pored puta, a kako sam to uradio, El kamino pun putujućih radnika me je skoro udario otpozadi, i zbog toga je vozač seo na sirenu. Ali nije bilo sumnje: *da*, oblak se nalazio na horizontu. Nije bio u mojoj mašti. Bio je to isti onaj oblak koji sam sanjao neprekidno od svoje pete godine, besraman, iscrpljen i likujući.

Uspaničio sam se; krv mi je pojurila u uši; čekao sam da čujem sirene; pustio sam radio. Rezultati biopsije bili su pozitivni. Da li je do *kritične situacije* moglo doći otkako sam slušao vesti u podne? Začuđujuće, ali na radio talasima nije bilo ničega – samo još muzike za slušanje uz klizanje na ledu i nekoliko krčećih meksičkih radio stanica. Jesam li poludeo? Zašto niko nije *reagovao*? Kola su neobavezno prolazila pored mene dolazeći iz suprotnog pravca, bez ikakvog nagoveštaja hitnosti u ponašanju vozača i putnika. I tako nisam imao izbora; mučen senzacionalističkom radoznalošću, nastavio sam dalje.

Oblak je bio tako ogroman da se suprotstavljao perspektivi. Shvatio sam to dok sam ulazio u Broli, mali grad dvadeset pet kilometara od granice. Svaki put kada bih pomislio da sam stigao do nulte zone oblaka, shvatio bih da je jezgro oblaka i dalje još daleko. Konačno sam se toliko približio da je njegov koren od crne gume zauzeo čitavu površinu moje šoferšajbne. *Planine* se nikad nisu činile toliko velike, ali pak planine, uprkos njihovim ambicijama, nikad ne mogu da prisvoje atmosferu. A kad pomislim da mi je Dag rekao da su ovi oblaci *mali*.

Konačno, na raskrsnici autoputa broj 86, gde sam oštro skrenuo desno, uspeo sam da vidim koren ove pečurke. Njegov jednostavan izvor istovremeno je odmah imao smisla i ispunio me dubokim olakšanjem: na manjoj površini farmeri su palili strnjiku sa njiva. Stratosfersko crno čudovište koje je stvorio slab narandžasti tračak vatre koji je prekrivao njive bio je ludački u neskladu sa počinjenim delom – ovaj oblak dima vidljiv sa udaljenosti od osamsto kilometara – *vidljiv iz svemira*.

Događaj je postao takođe neka vrsta slučajne turističke atrakcije. Saobraćaj je bio krajnje usporen pored njiva u plamenu, a desetine automobila bilo je parkirano pored, uključujući i moj. Pièce de résistance,[1] pored dima i plamena, bilo je ono što su ti plamenovi ostavljali za sobom – nedavno izgorele njive sada u zavetrini.

Ova polja su bila ugljenisana u apsolutnu mat crnu nijansu koja je izgledala više zvezdano nego bilo šta drugo na ovoj planeti. Bilo je to supergravitacio-

---

[1] *Francuski:* najbolji, neodoljivi deo. *(Prim. prev.)*

no crnilo nespremno da ospori posmatračima i jedan jedini foton; crni sneg koji se suprotstavljao XYZ perspektivi i koji je stajao pred očijma posmatrača kao isečeni papirni trapezoid. Ovo crnilo je bilo toliko ogromno, intenzivno i neokaljano da su čak i kenjkava deca koja su se svađala u pokretnim kućama svojih roditelja zastala da bi pogledala. Kao i putujući trgovci u bež sedanima, istežući noge i jedući hamburgere iz mikrotalasne rerne iz obližnje bakalnice.

Oko mene su bili Nisani, Fordovi, Daihatsu i školski autobusi. Većina posmatrača se naslonila na svoja kola ruku prekrštenih preko grudi, u tišini pokazujući poštovanje prema iznenadnom čudu koje se našlo pred njima – vreli, suvi, svileni, crni zastor, ovo čudo od nečistoće. Bilo je to odmarajuće ujedinjujuće iskustvo – poput posmatranja tornada iz daljine. Nagnalo nas je da se osmehujemo jedni drugima.

Onda, odmah do mene začuo sam buku motora. Jedan kamionet se parkirao – jarki crveni haj-tek model sa zatamnjenim prozorima – i iz njega se pojaviše, na moje veliko iznenađenje, desetak mentalno zaostalih tinejdžera, dečaka i devojčica, društvenih i bučnih, dobro raspoloženih, svi su mi mahali i vikali „zdravo!".

Njihov vozač je izgledao razdraženo, imao nekih četrdesetak godina, crvene brade i činilo se da ima dosta iskustva u radu sa ovom decom. Okupio je svoje štićenike ljubazno ali i sa strogom disciplinom, kao što bi majka guska brinula o svojim potomcima, snažno, ali sa očiglednom dobrotom, hvatajući ih za vratove, i upućujući ih na pravi put.

Vozač je odveo svoje štićenike do drvene ograde koja je išla oko polja i odvajala nas i naša kola od polja. Onda, začuđujuće posle samo minut-dva, brbljivi tinejdžeri su zaćutali.

Trebalo mi je nekoliko sekundi da shvatim zbog čega su zaćutali. Čaplja bela kao kokain, ptica koju nikada ranije nisam video uživo, doletela je sa zapada, sa reptilskim instinktima napetim zbog ukusnih ponuda koje će izgorela polja uskoro pružiti – sada kada su brojni novi i divni tropizmi aktivirani vatrom.

Ptica je obletala oko polja, i činilo mi se da joj je mesto pre na Gangu ili Nilu nego u Americi. A kontrast između njenog belila i ugljenisanog polja bio je toliko začuđujući, toliko ekstreman, da je izazvao glasne uzdahe svih ljudi oko mene; čuo sam uzdahe čak i ljudi parkiranih i mnogo niže niz put.

Onda su reakcije cerekavih, lelujavih tinejdžera postale začarane i ujedinjene, kao da su posmatrali vatromet. Uzvikivali su *uuh* i *aah* dok je ptica sa nemoguće dugim pernatim vratom jednostavno *odbijala* da sleti, leteći i leteći ukrug, praveći lukove i poniranja koja su oduzimala dah. Njihovo oduševljenje bilo je zarazno, i zatekao sam sebe kako, na njihovo ogromno zadovoljstvo, i ja uzvikujem *uuh* i *aah* sa njima.

A onda se ptica povukla, na zapad, niže niz put od nas. Pomislili smo da je završila sa razgledanjem hrane, i ponegde se čulo i slabo *ua*. A onda iznenada, čaplja je promenila luk. Brzo i uzbuđeno smo shvatili da će preleteti u niskom letu tačno iznad *nas*. Osetili smo se izabranima.

Jedan od tinejdžera je sa zadovoljstvom zastenjao u znak uzbune. To me je nagnalo da pogledam u njihovom pravcu. Baš u tom trenutku vreme mora da se neznatno ubrzalo. Odjednom su se deca okrenula i gledala ka *meni*, i osetio sam kako mi nešto oštro prelazi preko glave, i čulo se *lepetanje krila*. Čaplja mi je ogrebala glavu – kandžom mi je zarezala teme. Pao sam na kolena, ali nisam skidao pogled sa ptice.

Svi smo, u stvari, okrenuli glave zajedno i nastavili da posmatramo kako naš beli posetilac sleće na polje, zauzevši mesto apsolutne privilegije. Posmatrali smo u transu kako počinje da čupa sićušna stvorenja iz zemlje, i lepota trenutka bila je takva da sam u suštini zaboravio da sam povređen. Samo kada sam neobavezno prošao rukom kroz kosu i na prstima našao kap krvi, shvatio sam koliko je direktan moj kontakt sa pticom bio.

Ustao sam i posmatrao ovu kap krvi kada me je oko struka zgrabio par malih debelih ruku, sa debelim prljavim šakama i prstima na čijim su vrhovima bili ispucali nokti. Bila je to jedna od mentalno retardiranih tinejdžerki, devojka u nebo plavoj haljini od kretona, koja je pokušavala da sebi privuče moju glavu. Sa svoje visine mogao sam videti njenu dugu, lepu plavu kosu na repove, i malo je balavila kada je rekla, *tica*, misleći ptica, nekoliko puta.

Ponovo sam se spustio na kolena ispred nje da bi ona pregledala moj srećni rez, i nežno ga sa optimizmom i željom za izlečenjem poljubila – bio je to gest lečenja na osnovu vere deteta koje teši lutku koju je ispustilo.

Onda sam otpozadi osetio još jedan par ruku kada joj se jedan od drugova pridružio. A onda još jedan par. Odjednom sam se zatekao usred instant porodice, u njihovom obožavajućem, lekovitom, nekritičkom zagrljaju, čiji je svaki član hteo da pokaže svoju naklonost. Počeli su da me grle – previše jako – kao da sam ja bio lutka, nesvesni snage koju su imali. Stezali su me da sam ostajao bez daha – udarali – štipali i gazili.

Čovek sa bradom je prišao da ih rastera sa mene. Ali kako sam mogao da mu objasnim, ovom dobronamernom gospodinu, da ova nelagoda, ne, ovaj bol koji sam osećao nije predstavljao nikakav problem, da, u stvari, nikad nisam iskusio ništa nalik ovom naletu ljubavi.

Pa, možda jeste shvatio. Sklonio je ruke sa svojih štićenika kao da su ga pogodili malim statičkim šokovima, puštajući ih da nastave da me stežu svojim toplim napadima zagrljaja. Čovek se onda pravio da posmatra belu pticu kako se hrani na crnom polju.

Ne mogu da se setim jesam li mu se zahvalio.

BROJEVI

Procenat budžeta SAD koji se troši na stare: 30
 na obrazovanje: 2
ROLING STOUN,
19. april 1990, str. 43

Broj mrtvih jezera u Kanadi: 14,000
SADEM NJUZ SERVISIZ,
7. oktobar 1989.

Broj radno sposobnih ljudi prema korisniku socijalne zaštite...
 1949: 13
 1990: 3.4
 2030: 1.9

FORBS,
14. novembar 1988, str. 225

Procenat muškaraca dobi 25–29 koji se nikad nisu ženili...
 1970: 19
 1987: 42
Procenat žena dobi 25–29 koje se nikad nisu udavale...
 1970: 11
 1987: 29

AMERIKEN DEMOGREFIKS,
novembar 1988.

Procenat udatih žena dobi 20–24...
    1960: 72
    1984: 43
Procenat siromašnih domaćinstava ispod 25 godina starosti...
    1979: 20
    1984: 33

>   CENZUSNI BIRO SAD

Broj mogućih smrtnih slučajeva od udisanja pola kilograma sitno samlevenog plutonijuma: 42.000.000.000
Zalihe SAD u plutonijumu 1984. godine,
u kilogramima: 190.000
Ovi brojevi pomnoženi: 16.000.000.000.000.000

>   SAJENS DAJDŽEST,
>   juli 1984.

Procenat prihoda potreban za učešće za kupovinu prve kuće...
    1967: 22
    1987: 32
Procenat stanovništva dobi 25 – 29 koji imaju kuće...
    1973: 43.6
    1987: 35.9

>   FORBS,
>   14. novembar 1988.

Realna promena cene prstena sa jednokaratnim dijamantom u 18-karatnom zlatu između 1957. i 1987. godine:
    (u procentima): +322
    u odnosu na cenu trpezarijskog
    stola za osmoro: +259
    u odnosu na bioskopsku kartu: +180
    u odnosu na cenu avionske karte
    za London, Engleska: −80

>   RIPORT ON BIZNIS,
>   maj 1988.

Šansa da se neki Amerikanac pojavi na TV: 1 prema 4
Procenat Amerikanaca koji tvrde da ne gledaju TV: 8
Broj sati koje nedeljno provode pred TV ekranom oni koji tvrde da ne gledaju TV: 10
Broj ubistava koje neko dete vidi u proseku na televiziji do šesnaeste godine života: 18.000
Broj reklama koje vide američka deca do osamnaeste godine života: 350.000
Gorenavedeni broj izražen u danima (na osnovu prosečnih 40 sekundi trajanja svake reklame): 160.4
Broj televizora:
    1947: 170.000
    1991: 750 miliona

> KONOSER,
> septembar 1989.

Povećanje prihoda u procentima za domaćinstva starija od 65 godina (stariji građani) između 1967. i 1987: 52.6
Za sva ostala domaćinstva: 7

Procenat oženjenih muškaraca dobi 30–34 koji još žive sa suprugom...
    1960: 85.7
    1987: 64.7
Procenat udatih žena dobi 30–34 koje još žive sa suprugom...
    1960: 88.7
    1987: 68.2

> CENZUSNI BIRO SAD,
> TEKUĆI IZVEŠTAJI O
> STANOVNIŠTVU,
> Br. 423, str. 20

Procenat stanovnika SAD dobi 18–29 koji se slažu da „nema svrhe ostati na nekom poslu ukoliko niste potpuno njime zadovoljni": 58
Ne slažu se: 40

Procenat stanovnika SAD dobi 18–29 koji se slažu da „s obzirom na stanje stvari, mojoj generaciji će biti mnogo teže da imaju ugodan život nego prethodnim generacijama": 65
Ne slažu se: 33

Procenat stanovnika SAD dobi 18–29 koji su odgovorili potvrdno na pitanje „Da li biste želeli brak kakav vaši roditelji imaju?": 44
Odrični odgovori: 55

> NA OSNOVU TELEFONSKE ANKETE 602 AMERIKANACA DOBI 18–29 KOJU JE ZA POTREBE *TAJM/CNN* VODILA AGENCIJA JANKELOVIČ, KLENSI I ŠULMAN 13–17. juna, 1990. MARGINA GREŠKE ±4%. PRIKAZANO U *TAJMU* od 16. jula 1990.

O PISCU I ROMANU

Rođen 30. decembra 1961. godine, u Baden-Solingenu, u Nemačkoj, gde mu je otac stacioniran kao pripadnik Kanadskih vazduhoplovnih snaga, Daglas Kaplend se s porodicom, posle nekoliko godina, preselio u Vankuver (Kanada), i tamo će odrasti. Posle neuspešnog pokušaja studiranja fizike, izabrao je studije umetnosti i dizajna kao svoju istinsku vokaciju. Bio je na školama u Japanu i Italiji. Potkraj 1986. godine se vraća u Vankuver koji od tada postaje njegovo stalno boravište. Vaja, dizajnira, radi umetničke instalacije i piše. Danas je jedan od najznačajnijih i najglasovitijih kanadskih pisaca.

Generacija X je njegov prvi roman, ali kakav roman? Iz godine u godinu biva sve aktualniji. Neuobičajene strukture, bez velike radnje, jednostavan u pripovedanju, on je otvorio pitanje čitavog jednog naraštaja koji do tada nije nalazio izraza u savremenoj književnosti. Rukopis su najpre odbili mnogi izdavači u Kanadi, tako da se zapravo pojavio u Americi, 1991. godine, za čiji kulturni kontekst je i bio problemski vezan. I među čitaocima više nego u književnom establišmentu naišao je na neočekivani odjek. Najpre američki, a potom i internacionalni bestseler. Postao je kultni roman. Izraz i pojam „generacija X" takoreći je osvojio svet.

Generaciju X sačinjavaju oni rođeni šezdesetih godina prošlog veka. Nije to tek neka izgubljena generacija nego su, možda još gore, u njoj jedinke bez lica, i bez imena, i svi su nekako van sebe, promašujući cilj zato što do cilja više i ne drže. Zblanuta generacija, koja kao da živi sve vreme očekujući da se život već jednom istinski dogodi. Takvu kakva jeste, kako je Kaplend predstavlja u svom romanu, teško ju je definisati, pa upravo ta činjenica koja ističe teškoću definisanja jeste njena možda najbolja definicija: definiše se nedostajanjem ikakve definicije.

Trio glavnih likova romana, među kojima je onaj koji pripoveda, nisu likovi u klasičnom smislu određenom izvesnim delovanjem. Nema tu nikakvih osobenih radnji niti pustolovina. Kao da se, dok čitamo, pred našim očima odigravaju ne-radnje, ne-pustolovine. Za njih se sve već zbilo. Pobegli su u pustinju, jer su već davno, i u sebi, u pustinji. Najzad, i ta pustinja, gde ničeg nema, samo je opet jedno od mesta u svetu svakojakog medijatizovanja, raznih korporacija, statusnih simbola, kulture ustrojene jedino kao večito maskiranje i namamljivanje, ukratko: sumorno mesto usred sumornog sveta. Takve su i priče koje junaci pričaju, turobne do groteske. Trojka je pobegla tamo odakle bi opet svi i po svaku cenu da pobegnu. Njihove priče mogle bi biti iluzija, ali ta iluzija je samo odblesak iluzije života u svetu koji sve više postoji samo kao fabrika iluzija. O takvom življenju govori *Generacija X*. O životu srednje klase, pri čemu celo društvo postaje samo ta jedna jedina srednja klasa.

Može biti da je Kaplend izmislio tu generaciju, kako mu je prebacivano, po sopstvenoj slici. Ali, fenomenalan uspeh knjige jasno govori da je ta navodna izmišljotina pogodila u srce stvari. I još pogađa na pravo mesto. Zato knjiga ne prestaje da bude čitana.

J. A.

SADRŽAJ

Sunce je tvoj neprijatelj 11
Naši su roditelji imali više........................ 20
Prestani da recikliraš prošlost 24
Nisam ciljno tržište 30
Daj otkaz 40
Mrtav u 30, sahranjen u 70........................ 47
Ne može potrajati 51
Kupovina nije stvaranje 60
Re kon strukcija.................................. 70
Uđite u hiperprostor 77
31. decembar 1999. 87
I Novi Zeland će popiti nuklearnu bombu 95
Čudovišta postoje 103
Ne jedi sebe samog 111
Jedi svoje roditelje.............................. 118
Plaćena iskustva se ne važe 123
Jasno se sećaj Zemlje 131
Promeni boju 136
Zašto sam siromašan?........................... 147
Slavne ličnosti umiru............................ 153
Nisam ljubomoran............................... 167
Napusti svoje telo 172
Uzgajaj cveće 181
Definiši normalno 185
MTV a ne meci 197

Trans formacija 204
Dobro došao iz Vijetnama, sine................. 208
Avantura bez rizika je Diznilend................ 213
Plastika se nikad ne razgrađuje 225
Iščekuj munju................................ 237
1. januar 2000................................ 244
Brojevi 251

O piscu i romanu 255

Daglas Kaplend • GENERACIJA X • Izdavačko preduzeće RAD Beograd, Dečanska 12 • Za izdavača SIMON SIMONOVIĆ • Lektor i korektor MIROSLAVA STOJKOVIĆ • Štampa Elvod-print, Lazarevac •
ISBN 978-86-09-00967-9

CIP – Каталогизација у публикацији
Народна библиотека Србије, Београд

821.111(71)-31

КАПЛЕНД, Даглас

    Generacija X : priče za ubrzanu kulturu : roman / Daglas Kaplend ; sa engleskog prevela Vukica Stanković. – Beograd : Rad, 2007 (Lazarevac : Elvod-print). – 256 str. ; 21 cm. (Reč i misao ; knj. 582)

Prevod dela: Generation X / Douglas Coupland – Str. 255–256: O piscu i romanu / J. A.

ISBN 978-86-09-00967-9

COBISS.SR-ID 143410700

www.ingramcontent.com/pod-product-compliance
Lightning Source LLC
Chambersburg PA
CBHW062156080426
42734CB00010B/1706